經典
紀念版

100 BAGGERS

尋找百倍股

STOCKS THAT RETURN 100-TO-1 AND HOW TO FIND THEM

這才是穩賺的本事
每個投資人畢生追尋的獲利寶典

克里斯多福‧邁爾 CHRISTOPHER MAYER／著

李靜怡／譯

謹以此書紀念托馬斯‧菲爾普斯（Thomas W. Phelps），

第一位著書討論百倍股的作家

Contents

01
認識百倍股

Introducing 100-Baggers

　　這是一本關於百倍股的書。所謂的百倍股,指的是每投入 1 美元都能獲利 100 美元的股票。換言之,如果你投資 1 萬美元,就可以獲得 100 萬美元的回報。在這本書中,我想告訴你如何找到這些百倍股。

　　我懂!這聽起來太過狂妄,成功機率似乎很低,堪比拿到同花大順。在不久前,我或許會認同你的觀點。但是在我投入心力研究百倍股後,明確的模式慢慢浮現了。

　　在本書中,你將學到以下知識:

- 你會掌握百倍股的關鍵特性。上山攻頂的路線只有那幾種,而本書將描繪出這些百倍股的途徑。

- 你會明白為什麼人人都可以投資百倍股。真的每個人都做得到，你不需要 MBA 學位或金融相關學歷，只需要簡單的金融概念就好了。
- 我還會與你分享幾個可以讓你的股票與投資獲利更多的「小技巧」與技術。
- 實務經驗永遠是最重要的，因此我會分享許多故事與寓言歷史，幫助解釋重要概念。

如果你希望自己的股票有更豐厚的報酬，那麼請試著讀讀這本書。就算你沒買到百倍股，本書也能幫助你找到股市的大贏家，並遠離停滯不前的股票。不過，要是你喜歡的是成長空間有限的公用事業股票，那麼這本書或許不適合你。

這本書將會改變你對投資股票的看法。讀過書後，你不會再用同樣的思維，觀察同樣的問題。我希望這些內容能激勵你，更積極地看待未來的各種可能性。

開始分享如何找到百倍股的關鍵前，我想先解釋投注此番心力的動機。

我撰寫本書的想法自 2011 年開始醞釀。那年，我讀到了投資評論者查克‧阿克雷（Chuck Akre）在論壇上所分享的觀點（阿克雷是很優秀的投資者，我們在後面章節還會提到他）。他的講題是：「投資者的冒險：尋找絕佳投資標的」。

以下節錄他演說的部分內容：

1972 年，我讀了一本《霸榮周刊》（*Barron's*）所推薦的《股市中的百倍股》（*100 to 1 in the Stock Market*），作者是托馬斯・菲爾普斯，他在書中分析了許多成長百倍以上的投資標的。菲爾普斯是一名波士頓的投資經理人，據我所知，當時的他沒有什麼名氣，但他在書中所提及的觀點顯然值得關注。在讀完這本書以後，確實有效地幫助我更加留意資本複利的概念。然而，你們也都知道同樣來自波士頓的彼得・林區（Peter Lynch）很常談到十倍股，不過菲爾普斯談的卻是百倍股，這兩者間有什麼區別呢？菲爾普斯列出了許多確實獲利百倍以上的投資者經驗，並整理出百倍股為什麼能獲得複利的特質。

我雖然早已讀遍投資經典與許多冷門著作，卻完全沒聽過《股市中的百倍股》，因此我立刻買了一本入手閱讀。

後來，這本書成為我最愛的投資書之一。在同年十二月，我開始著手寫下後面的故事給專欄讀者，除了介紹菲爾普斯，也深入分享更多本書會提及的百倍股觀念。

每個問題都代表著投資機會

「假如你知道解決問題的方法，那麼所有問題都代表著投資機會。」一位老紳士如此寫道，「除了小偷以外，他們是不會去買門鎖的。」

我有幸認識了一位非凡人物，他對投資深有見解，卻僅有一小群死忠讀者知道此人的存在。他正是托馬斯・菲爾普斯，一位事業經歷不俗的投資者；他曾擔任《華爾街日報》華盛頓分部的主管、《霸榮周刊》編輯、證券經紀商公司合夥人、《財富》世界 500 大企業公司的研究部門主管，以及史庫特、史蒂芬斯與克拉克投資管理公司（Scudder Stevens & Clark，後來被德意志銀行收購）的合夥人之一。經歷豐富多元的四十二年市場投資生涯後，菲爾普斯在美國南塔克特退休。

　　在這個過程中，菲爾普斯發現了一些投資之道。於是他開始進行一項有趣的研究，目標是那些每投資 1 美元就能獲得 100 美元回報的股票。是的，100 比 1。菲爾普斯發現了數百支這樣的股票，而且在任何一年都有大量的股票可供選擇，你只要買進這些股票，就能享受百倍的回報——如果你能一直緊抱不放。

　　這就是我們討論的主要關鍵：重點不是找到百倍股，而是持續持股。他的基本原則可以濃縮成一句話：「買對，並持有。」

　　「認清現實。在大部分的情況下，投資和魚咬住魚餌的道理是一樣的，我們都受到移動物體的吸引。」菲爾普斯說。投資者受到移動股票的吸引，難以忍受放著那些動也不動的標的，也對其他朝往反方向移動的股票失去耐心，這些因素導致他們會頻繁啟動許多交易，卻永遠無法享受巨額回報。

投資者喜好行動，而華爾街正是因此誕生。媒體醞釀的生態彷彿暗示每日都有重要的事情發生。幾乎每一天都有數以萬筆股票易手。

但是投資者必須懂得區分交易的波動與結果。「我年幼的時候，幫我父親工作的木匠曾說過很經典的一句話，『很會刨木頭的，不代表就是好木匠。』」如你所見，菲爾普斯真的是位深諳世道智慧的人。

「許多投資者都有很荒謬的觀念，他們認為必須每季衡量股票表現，甚至每年都要這麼做。一旦他們的投資顧問或投資組合經理人被差勁的股票套牢超過一兩年，他們就會著急地跳腳了。」老菲爾普斯接著說。

投資人真正該專注觀察的是事業表現，而非市場價格。為了檢視這個，菲爾普斯秀出一長串企業的財務表現紀錄：每股盈餘（EPS）、股東權益報酬率（ROE）等項目，而不是股價。看完一間公司表現後，他問，「看過這些數字的投資者，還會頻繁買進賣出嗎？我不認為。」假如他們願意耐心持有並等待，確實會變得很富有。

這正是精華所在。菲爾普斯不太認同賣出好企業股分的做法。

他分享一個朋友卡爾‧派帝特（Karl Pettit）的故事，一名實業家、投資人與發明家。他在很多年前賣掉了自己手上的IBM 股票，並開創一家證券經紀商公司。當時他手上的股票

賣了上百萬美元。但是那些股票最終價值 20 億美元，這遠超過他的公司盈餘。

　　菲爾普斯還和我說起自己的親身經歷，1954 年他為了支付一筆 7,415 美元的醫療帳單，而賣掉寶麗萊（Polaroid）股票。「我完完全全記得那筆交易。」他清晰地記得自己做的蠢事。二十年後，他當初持有的寶麗萊股票如今價值為 84 萬 3,000 美元。這筆求診費用實在太昂貴了。

　　菲爾普斯也不認同市場時機概念。他分享了個人在投資生涯曾數次成功預測熊市的故事，並有感而發地說，「然而，比起精準預測熊市，如果我能在暴跌的時候，投入更多心力尋找百倍股，想必會有更大的收穫。」

　　由於他的熊市雷達看跌市場，他失去了找到百倍股的機會。「一旦熊市的疑慮在你內心擴散開來，你就會因為太在意市場狀況而錯失買股良機。」他如此說道。

　　「為刀而生者，必死於刃下。」他接著補充，「有經驗的投資者對因應股市價格波動而起的豪賭不屑一顧，這並不是因為他們不喜歡錢，而是經驗和歷史都讓他們相信，持久的財富不是這樣打造的。」

　　菲爾普斯接著展示一張圖表，表中說明了一支股票的複利必須經過多長時間與多少倍的複利成長，才能成為百倍股：

報酬率	成為百倍股的年數
14%	35 年
16.6%	30 年
20%	25 年
26%	20 年
36%	15 年

　　你會發現，上方圖表持股的時間相當漫長，特別是如今的我們早已進入平均持股時間以月份來計算的時代，不過這正是重點所在——真正的財富來自咬牙忍耐。

　　要擁有百倍股，可說是障礙萬千。你必須長期擁有極高的成長率。舉例來說，牽引機供應公司（Tractor Supply）的獲利每年成長率達 23％，並在短短十二年後成為百倍股公司。隨後，我們還會觀察魔爪飲料（Monster Beverage），該股只花了十年就成為百倍股，這需要年成長率達到 50％才能做到如此非凡成績。

　　菲爾普斯建議尋找新方法、新材料和新產品，這些東西能改善生活，解決問題，讓我們把事情做得更好、更快，而且也更省錢。此外，菲爾普斯具有品格的投資風格也令人激賞，他只願意投資對社會有益處的企業。這代表他在乎的絕對不僅是過往表現而已。

　　「華爾街有句老話說，現實勝於統計。」菲爾普斯說。真

正重要的是該企業能在未來幾年內所創造的價值，而非公布的成長趨勢、淨利率與本益比。

菲爾普斯很快又補充強調，他並不推崇盲目地長期持股。「我建議投資者買對的股票並且持有，目的在於減少無效的投資動作。但這並不是要你買完股票，然後就拋到腦後忘掉它。」

可是，如果沒有得到百倍回報怎麼辦？菲爾普斯的聰明教學法將教你如何專注複利的力量，並置身於每日股票波動之外。最終，即使你持有的股票離百倍股仍有段距離，但其報酬也很有可能為你帶來更好的退休生活。

對於那些擁有百倍股，卻因為擇時進出、頻繁買賣而無法擁有豐厚複利的人來說，那等同一場投資災難。有些時候，股市需要相當的時間，才能恢復動能。菲爾普斯觀察到許多股票雖然數年都沒有成長（或下跌），但終究還是成了百倍股。

「投資的最基本規則就是，如果可以，千萬不要因為非投資理由，採取交易行動。」菲爾普斯如此建議。不要因為價格上漲或下跌就賣出，或因為你需要資本利得來抵銷損失就賣出。你應該要避免頻繁賣掉股票，而是只在明顯犯下投資錯誤時，才將股票賣出。或許有人會說每筆賣出都代表承認失敗，但對菲爾普斯來說，持有股票的時間越短，這個錯誤就越嚴重。

我欣賞菲爾普斯的觀點。我也明白要實踐起來並不容易，

但是有些人確實能做到。他提到了不少投資者、過往客戶與熟識友人的經歷，這些人都是買對股票並長期持有，而變得富有。這讓菲爾普斯恨不得自己能早早就擁有如此的洞見。

現在，讓我聊聊一些關於菲爾普斯先生的事情吧。

其實，我從未見過菲爾普斯。他在 1992 年以九十歲高齡過世。上述引句並非來自我們的對話，而是他在 1972 年出版的著作《股市中的百倍股》。

2011 年，我以 22 美元購入一本近全新的《股市中的百倍股》，必須說這絕對是被世人忽視的經典之作。請不要為了百倍的投報率感到困惑，真正的重點在於理解這麼巨大的報酬是如何發生的，以及投資人要怎麼樣才能找到百倍股。只要盡力瞄準這個目標，你的投資績效一定會有所改善。

菲爾普斯是這麼寫的，「高爾夫球手只要小小的改變握桿和站姿，就可能改善比賽表現，因此，投資者應該更著重買入並持有，更加堅定地不因為受到誘惑而出售……這將可能讓你的投資組合更穩固，創造更優異的表現。在《愛麗絲夢遊仙境》中提到，一個人必須跑得快，才能保持在原地不動。而證據顯示，在股市中則是正確買入股票的人必須保持不動，才能跑得快。」這真是極好的建議。

我非常推薦這本書，不只讀起來趣味橫生，而且書中還有許多精采的觀點、類比和故事。原本這本書已經絕版好長一段時間了，但在 2015 年 1 月回音谷出版社（Echo Point）再次發

行，現在讀者都能在亞馬遜網站購買到這本書。（順帶一提，亞馬遜也是一支百倍股，我們將在第 5 章再次討論。）

延續菲爾普斯的百倍股之路

菲爾普斯研究了從 1932 年到 1971 年的百倍股，但沒有涵蓋每一支百倍股，因為他可能排除掉了最小的股票。（而且我也懷疑，他是否有足夠資源逐一確認每支百倍股。）要列出一份確切的清單比你想像的還要困難，衡量回報本身就是很複雜的事情。（例如，你是依照年度、季度計算股價，還是以每日、每小時作為基準？不同的時間，就會得到不同的結果。更何況，其中還有些股票成為百倍股的持續時日並不長。」

儘管如此，他的書仍列出了 365 支股票。最近的百倍股開始於 1967 年，並在短短四年內就達到百倍回報。不過，這個記錄只列到 1971 年為止。

我決定更新菲爾普斯的研究。

於是，我開始和史特林顧問公司（String Advisors）的史蒂芬・瓊斯（Stephen Jones）合作，列出 1962 年至 2014 年所有百倍股的資料庫。我們假設投資者將股息再投資，並且排除掉規模過小的股票。篩選目標主要是市值超過 5,000 萬美元（以今天的美元計算），而且收益超過百倍的股票。這個工程相當浩大，僅僅是為了創建資料庫，就花掉出版商將近 5 萬美元。

我的目標一直都很簡單：找出百倍股的相似之處。我想知道，為什麼這些股票能有如此好的回報，並將此觀點應用在今日的股市內。

我的新研究可視為菲爾普斯著作的更新版。我希望可以加強菲爾普斯的諸多論點，也相信我們發現了一些有趣的新見解，畢竟現在的電腦運算能力已大幅超越菲爾普斯所處的時代。

起初，我就想以這個研究作為撰寫新書的主題，並將它稱為《尋找百倍股》，也希望將此書獻給我們的老前輩菲爾普斯。

現在，我們終於做到了。

人人都能在股市大幅獲利的方法

年輕的時候，對於如何認定何謂好的投資，我有一套很先入為主的成見。好投資肯定是長期性的、關注基本面，並且延續大衛‧陶德（David Dodd）和班傑明‧葛拉漢（Benjamin Graham）在《證券分析》（*Security Analysis*）所提及的觀念，他們的著作也深遠影響了巴菲特（Warren Buffett）與其他偉大的投資者。如果你不是這套知識傳統的一分子，那你的方法肯定是錯的。

現在我不再固守教條了。我承認，要在股市獲利的方法實

在有太多了，就像要做出好披薩也有上千種方法。不過，只要有好食材，幾乎人人都能做出頂級美味的披薩。

股市裡不乏大獲全勝的瘋狂故事，好比那些金融怪傑，包括吉姆・羅傑斯（Jim Rogers）、保羅・都德・瓊斯（Paul Tudor Jones）與麥可・史坦哈德（Michael Steinhardt），以及十分特別的舞者尼可拉斯・達華斯（Nicolas Darvas），他的著名作品是《我如何在股市賺到 200 萬美元》（*How I Made $2,000,000 in the Stock Market*），並聞名於相當奇怪的投資系統。然而，基於種種原因，我對上述投資者的故事向來不感興趣，其中最重要的因素，就是他們的做法對我來說太過出奇。儘管收益十分龐大，但是其經歷難以複製，特別是對普通人來說。我一直都很懷疑他們的追隨者，是否真能依循金融怪傑們的手法致富。我認為，更有可能的是，如此的炮製之道終將會帶來失敗。

但或許菲爾普斯不同。如同你將在下一章讀到的，每個人都能投資百倍股，而且對普通人來說亦然。人人都可以發現百倍股，或是近似百倍股表現的商品。畢竟，誰會抱怨自己只得到五十倍股、甚至十倍股呢？說真的，我所認識的大多投資者，在短短幾年內持股收益翻倍就夠他們開心了。

研究百倍股背後的成功因素與法則，有助於我們在當今股市找到好股票，而不只限於百倍股而已。進入本書的重點精華以前，我希望討論一下這個研究的幾個要素。

研究：把 1 萬美元翻成 100 倍的 365 支股票

我們的研究也涵蓋了 365 支股票，這就是我們進行資料庫研究半年後，挑出的主要股票總數。（巧合的是，菲爾普斯在不同年代找到的百倍股數量也跟我們一樣。）

在此，我想先談談這個研究關心以及不關心的幾件事。

如此的研究必然會存在一定的限制與問題。舉例來說，我只關注極端成功的實例。當然，這有著後見之明偏誤，畢竟事後諸葛總是容易太多。此外，還有倖存者偏誤，許多公司可能在某一時間點差異不大，但是多半無法得到百倍回報。我對上述問題瞭然於心，但是想要除錯修正絕非易事。

還好我身邊有位統計學者兼新聞分析師願意提供協助。我與他分享百倍股資料庫時，他被嚇到了。他用一個小故事表達自己的擔憂，他的信是如此寫的：

假設我好奇為什麼籃球選手都很高好了。我採集所有 NBA 首發球員的 DNA 與血液樣本。但是這似乎遺忘了什麼，那就是其他不高的所有人啊！

某種程度來看，他確實說對了。我只看百倍股，而非其他失敗的股票。然而，我在書中揭示的並非一系列的統計推論，而是你確實可使用的辨識原則。如果你曾經讀過麥克・路易士

（Michael Lewis）的《魔球》（*Moneyball*），他在書內解釋過成功率高的球員背後的因素，你就會懂得這個嘗試確實有其價值。

我要與你分享的原則當然都符合邏輯，違背此原則很難找到百倍股。等你讀完本書，對你而言，一切都將豁然開朗。

但是我們必須小心從數據分析中，得到對應的解答。因此，我的研究會更趨近菲爾普斯的原作。他的研究著重實例，勝過數據。他的準則仰賴常理與基本事實，這讓我聯想到威廉・索恩戴克（William Thorndike）所寫的《為股東創造財富》（*The Outsiders*），我們隨後也會提到這本重要著作。

接下來，我將嘗試論證這個研究為什麼相當實用。不過，請不要把它視為科學或統計研究。我們可以說投資像藝術，而非科學。如果投資只關乎統計，那最好的投資者應當是統計學家。但事實並非如此。

我們尋找的是洞見與智慧，而非艱澀的法則與證據。

請讀者留意上述提醒，讓我們正式開始吧。

02
人人都做得到！
成功的真實案例

Anybody Can Do This: True Stories

　　或許，拿 1 萬美元買股票，數年後帶走百萬美元的故事聽起來太不真實了，因此菲爾普斯強調投資百倍股是人人都可成就的事，而他的方法是列舉很多成功者的故事加以支持自己的論點。

　　我手邊也有許多這樣的案例故事。

　　開始撰寫百倍股研究時，我收到許多握有百倍股的讀者來信，並向我分享不少故事。我希望在一開始就分享這群人的故事，為我們的討論設下原則：這是普通人都能做得到的事。你不需要有 MBA 學位，或是在對沖基金公司上班。如你即將看

到的，人們從投資經驗中所學到的教訓，正是本書想強調的論點。

不要輕易放棄最開始的計畫

請閱讀以下這封電子郵件：

在三十年的投資與交易生涯裡，我理解到這種百倍股方式與哲學正是我們該終生應用的投資策略。如果我們能在年輕時，就擁有適當的指導，並努力以此方法進行投資……如果我在一開始投資時就理解如上種種，我不但會更有錢，這些年來的生活品質應該也會更好。

我經歷過不少全壘打，也遇過一堆投資災難。我花無數的時間黏在電腦螢幕前，只為了持續監控部位與交易。然而，多年來的投資與投機事業，真正讓我賺錢的，都是長期持有的投資項目。

因此，我在投資生涯所學到的領悟，以及能與年輕人分享的經驗就是，請深入研究市場，並長期投資擁有超越其他同儕潛力的公司或產業。只要大方向沒有變調，就長期持有。請忘掉交易，並把花在電腦螢幕前的時間拿來陪伴家人。

這看似簡單，但很少有人做得到。

分享一個精彩的例子：1992 年 1 月，我讀到霸榮圓桌會

議（Barron's Roundtable）的報告，當時菲力克斯・朱洛夫（Felix Zulauf）推薦薩斯喀徹溫鉀肥公司（Potash of Saskatchewan，POT），認為這是個能趕上中國開發列車的投資機會時……我認為持有適當部位的股分應該是不錯的盤算。這間公司股票確實表現不錯，我記得當時價格為每股 2 美元。我持有了近三年，價格翻了 4 至 5 倍。我對自己的市場敏銳度感到驕傲。不過後來這支股票逐漸停止成長，由於對如此的停滯不前感到厭煩，最後我在 1996 年時賣掉了。現在，你會發現，我當初的看法其實完全沒錯，只是我渴望採取新的行動而已。

如果我持有這支股票直到 2007 年的大爆發，如今在我手上的就是百倍股了。要是我進場時間再早一點，那些股票早就成為兩百倍股了。

我所學到的教訓就是，不要放棄最開始的計畫，只要情勢未變，那就持之以恆。所以我相信你的研究項目實際上可行度相當高。一旦經過充分的研究，並產生足夠信念後，那就下賭注，並且排除四周雜音，堅持下去吧。

這故事還不錯，他吃了一番苦頭，學到不少智慧。他分享的啟示正是本書重點主題之一。我會讓十六歲的兒子與十三歲的女兒都讀讀他的來信，他們就會知道不是只有老爸這麼說而已。

你不需要是選股大亨……

讓我們再看看另一封信件：

我記得小時候，父親常常碎念奶奶，她老抱怨自己視力不好，還有白內障。但老爸會說，奶奶查看《華爾街日報》上的埃索（Esso）股票時，視力就立刻變得清晰無比。當時應該是 1971 年左右，不知為什麼，這小故事至今還在我的腦海中盤旋不去。

如果你認為找到百倍股是不可能的事，現在請想像當年的我聽到爸爸嘮叨時，就開始投資埃克森美孚（Exxon Mobil）好了。我不需要是天才或是選股大亨，我只要買下全世界最大的百年石油企業……只要閉上眼睛，並花一輩子的時間，慢慢累積。沒有壓力、沒有緊張，畢竟其資產負債表相當保守，也沒有什麼波瀾壯闊的起伏。那麼 1971 年花 1 美元買埃索股票，現值多少呢？依我的估計，加上這些年來豐厚的股息，至少有 418 美元。

很強吧？幾乎每個人都有類似的故事可以說。

好吧，讓我再講一個，因為這些真的滿有趣的：

大約在 1969 年或 1970 年時，西雅圖市區的一個看板寫著：「最後一個離開的人，會不會關燈？」當時我的朋友賣掉一間西雅圖的公寓，稅後淨利 10 萬美元。他認為波音

（Boeing）已經到谷底了，不可能再糟，因此他以每股 9.5 美元的價格買進一萬股的波音股票。後來的十年內，他每年所收到的現金股利已經等同當初的成本。如果把所有股利與分割算進來的話，這絕對超越百倍股的表現。我相信直到 2002 年，他都沒賣出任何一張股票。

這裡的關鍵在於你必須保持不動。你可以想像在 1970 年時，有上千萬個原因讓你想賣掉波音，例如：通膨、戰爭、利率問題、經濟恐慌，可以賣出的理由總有百百種。但是如果你已經選對股票，那麼最好繼續持有。

這讓我想到卓越的投資者克里斯・密特曼（Chris Mittleman），在給股東的信裡曾寫過一段話，並被收錄在《價值投資者洞察》（*Value Investor Insight*）。請讀者好好細讀吧：

請想像有個朋友在 1972 年向你介紹巴菲特，並說，「我花了十年和這個叫巴菲特的傢伙一起投資、大賺一筆，你也應該聽他的建議。」因此，你回頭檢視巴菲特的投資工具，也就是波克夏海瑟威（Berkshire Hathaway）公司，確實表現不俗。1962 年波克夏海瑟威股價為 8 美元，到了 1972 年底，股價成了 80 美元。很厲害吧，於是你在 1972 年 12 月 31 日，以 80 美元的價格買進。三年後，也就是 1975 年 12 月 31 日時，股價變成 38 美元，跌幅 53％，當時標普 500 的跌幅僅有 14％。

你可能會立刻拋售，並且再也不跟那朋友說話。然而，隔年波克夏海瑟威股價從 38 美元攀升到 94 美元。1982 年 12 月 31 日時，股價已達 775 美元。而今日的股價為 22 萬 3,615 美元，在過去四十二年以來，其複合年報酬率 20.8％。

我應該把這段話印出來裱框。

這誰都辦得到。你要記得的是，買對股票，並持有。這聽起來很簡單，但執行起來卻相當不容易。我會在下一章提供一些持股策略的協助。再接卜來，我們會學習如何買對股票。

03
咖啡罐投資組合
The Coffee-Can Portfolio

「你聽過咖啡罐投資組合（coffee can portfolio）嗎？」

普列斯敦・愛傑（Preston Athey）有次與我共進午餐時，問了我這個問題。他是名傑出投資者，負責管理普信集團（T. Rowe Price）的小型資本價值基金。

我曾聽過，我想愛傑應該滿意外的，因為咖啡罐投資組合出現時，我才十二歲，而且這想法並不是主流。不過我之所以會知道，是因為咖啡罐投資組合是金融愛好者絕不會忘記的經典觀念之一。

接下來，我想分享咖啡罐投資組合的概念。這將會是百倍股的最佳助手，因為它能幫助你「堅定持有」。

故事從羅伯・柯比（Robert Kirby）開始，當時他是全球

最大的投資管理公司資本集團（Capital Group）的投資組合顧問。他在 1984 年的《投資組合管理期刊》（*Journal of Portfolio Management*）第一次提及咖啡罐概念。「咖啡罐投資組合的概念可以追溯到老西部年代，那時候人們會把有價值的財物放到咖啡罐裡，再把它塞到床底下。而此計畫的成功關鍵點就從選擇什麼物件到咖啡罐裡開始。」柯比寫道。

懶人的勝利

這概念很簡單：盡你所能找到最好的股票，然後放個十年。基本上你不需要花任何成本在這投資組合上，管理自然也相當簡單。最大的好處雖然有點微妙，但的確有其意義，這概念有效的原因在於，避免你因為最糟的本能反應導致自傷。在那份文章中，柯比說明了他的想法從何而來。

「我從 1950 年代開始就有了咖啡罐的想法。」柯比這麼寫。當時他在大型企業工作，並為個人投資者提供投資諮詢服務。他遇到一個十年的老客戶，在丈夫突然去世後，她繼承了丈夫的股票投資組合，並交給柯比管理。他檢視了投資組合後寫道：

我覺得很有趣，一直以來，她的丈夫都在參考我們給太太投資組合的建議標的，並暗地裡一筆筆存進自己的帳戶。接著

我看了一下投資規模。我被嚇到了。基於我們的建議，她的丈夫還加了點小設計：他根本不理會賣出的建議。他在所有買進建議的時刻投入 5,000 美元，接著他就會把交易證明丟到保險箱內，徹底忘了此事。

他的做法帶來完美結果。是的，這代表他的投資組合是一堆不相干的股票，每筆都價值至少 2,000 美元不等，但這些部位很小。另外，還有幾檔持股最終價值達到 10 萬美元。但最厲害的是，他有一個超大部位價值 80 萬美元的股票，此筆投資就大勝太太投資組合的總價值了。柯比寫道，「這筆投資是哈洛伊德（Haloid），日後這間公司持有全錄（Xerox）公司的多數股分。」

這故事很有啟發性，簡直是宣告了懶人的勝利。並且顯示了咖啡罐投資組合如何能保護你免於自傷——頻繁查詢股價、瘋狂買入與賣出、因為金融消息與壞新聞而情緒波動。咖啡罐投資組合法讓你能以長期性的觀點操作投資。如果你覺得一個東西沒有存放十年的價值，那麼你一定不會放入咖啡罐。

可憐的柯比則是勤奮地管理太太的帳戶——他隨時注意收益報告、隨時增減持有部位。然而，如果他能照著懶人的信條，並放著什麼都不管的話，他會得到更好的效益。

那為什麼沒有更多人願意持有呢？

菲爾普斯認為投資者已經被設定成要以每季、每年為單

位，衡量股價表現，而不是關注企業表現。他提出一個令人印象深刻的例子（他提出的例子還真不少）就是輝瑞（Pfizer），該公司股價曾在 1946 年至 1949 年跌落，接著在 1951 年至 1956 年也表現堪慮。「注重業績的客戶肯定在那時候會不停痛罵投資顧問，害他們陷入如此泥淖。」菲爾普斯寫道。然而，願意從 1942 年開始一路持有到 1972 年的投資者們，都得到 141 倍的回報。

菲爾普斯點出，如果你只看輝瑞的年度財務數字，並忽視新聞、股市、金融預測等各種雜訊，那麼你就絕不會賣掉股分。它自始至終都有獲利，擁有良好的股東權益報酬率，收益斷斷續續地攀升，而且越來越高。

輝瑞就是優質的咖啡罐股票。

咖啡罐投資組合的極端案例

> 「沒有什麼比好例子的麻煩事更讓人難以忍受的了。」
> ——馬克·吐溫，《傻瓜威爾遜》（*Pudd'nhead Wilson*）

讓我給你一個極端例子，例如，坐著不動八十年怎麼樣？

有個投資組合能讓咖啡罐哲學徹底讓人感到不耐：沃亞企業領導人信託基金（Voya Corporate Leaders Trust Fund）。羅斯·科伯爾（Ross Kerber）曾為《路透社》撰寫相關報導，該

報導標題為「八十年不變的基金收益豐厚」。

當然，我知道你不會有興趣持有特定股票八十年。我也沒有。事實上，十年都算極限了。我懂。但是，這不代表我們無法從這故事學到什麼。

科伯爾這麼寫：

沃亞企業領導人信託基金目前由沃亞金融企業（Voya Financial Inc）操作，該基金在 1935 年買入美國前三十大企業等量股票後，就再也沒做新的投資了。

這就是買入並徹底忘掉！

這故事有趣就在於其投資組合。現在名單上的企業仍與 1935 年的配置相同：杜邦（DuPont）、奇異（General Electric）、寶僑（Proctr & Gamble）與聯合太平洋公司（Union Pacific）。

不過該基金也有些在合併或公司分拆時產生的部位，例如，原持有艾奇遜、托皮卡和聖塔菲鐵路（Atchison, Topeka and Santa Fe Railway），繼而擁有波克夏海瑟威股分；因為持有西屋電氣（Westinghouse Electric）而擁有哥倫比亞廣播公司（CBS）；透過投資聯合化學公司（Allied Chemical）而擁有霍尼韋爾（Honeywell）；它在 1935 年買進伍爾沃思（F. W. Woolworth）後公司清算收場，而持有富樂客（Foot Locker）的

股分；還因為投資洛克菲勒標準石油（Rockefeller's Standard Oil），基金又多了埃克森美孚和雪佛龍（Chevron）。

如今基金名單上只有二十一間企業還在，其他有些已經消逝了，像是賓夕法尼亞鐵路（Pennsylvania Railroad）與美國製罐公司（American Can）。

令人驚豔的是，該基金在過去五到十年的表現打敗了98％的競爭對手。科伯爾寫道：

根據晨星（Morningstar）報導，過去五年內，截至2015年2月24日，該基金每年的平均報酬率是17.32％，包含管理費後，仍超越標普500指數1.03％。而如果是計算過去十年區間，截至2015年2月24日，該基金的年平均報酬率是9.40％，包含管理費，超越標普500指數1.32％。

事實上，該基金四十年來的績效都超越標普500指數。儘管我相當好奇該基金成立以來的表現，但該信託基金的官方網站僅追溯其四十年內的表現。

此為低成本基金，收費僅有52個基點，也就是0.52％（多數基金的費用至少為3倍以上）。由於週轉低，幾乎不需要繳納資本利得稅。（該基金仍然需要買賣操作以滿足贖回和投資新資金。）

總結，這是個關於堅定守住精挑細選的股票投資組合，並

以合理投資策略操作的小故事。

該基金的最初出資者為美國企業領導集團（Corporate Leaders of America）。在一連串的交易後，基金由沃亞集團控管。最初，這個基金就立下了一個簡單的要求，如同介紹基金歷史的小冊子所述：

此基金的創始人在 1935 年購買了三十間大公司的等量股分，並保證永遠不能出售公司股分。唯一的例外是破產、合併或分拆的公司。

現在已經沒有任何基金以類似方式運作了。但是早期在共同基金領域，許多基金都以類似模式運作。

美國以及全世界第一支開放型共同基金為麻州投資者信託基金（Massachusetts Investors Trust），成立於 1924 年。

（筆記：開放型共同基金，意味著你可以在價格與投資組合相等的狀況下買賣基金的股分。在麻州投資者信託基金問世以前，基金為封閉式的。這代表價格與實際投資組合的潛在價值不符。透明度相當低。你可以想像，基金創始者很可能因其利益而操縱價格。）

麻州投資者信託基金是前所未見的創新商品，強調透明度與公平性。它承諾為小規模投資者提供低成本的專業管理；擁有明智而保守的投資政策，重點是大型配息型股票。麻州投資

者信託基金不會交易這些股票，其目的在於買入並持有。

近期哥倫比亞大學的重量級教授路易斯・魯文斯坦（Louis Lowenstein）寫道，

麻州投資者信託基金的透明度與靈活性，以及提供給小投資者的安全與方便性，讓它成為獨特的美式金融發明……好的點子通常有很簡單的起點，正是這種簡單的概念讓此基金大獲成功。這基金非常強大。

路易斯・魯文斯坦在著作《共同基金的騙局》（*The Investor's Dilemma*）仔細說明了麻州投資者信託基金的故事，我也高度推薦讀者們投資開放型共同基金。魯文斯坦著有另外兩本關於企業金融的主題，也是我非常喜愛的著作，《企業金融的理性與不理性》（*Sense & Nonsense in Corporate Finance*）以及《華爾街的問題在哪裡》（*What's Wrong with Wall Street*）。

麻州投資者信託基金和沃亞一樣，都是採取長期持有的策略。1949 年，平均持有期是二十七年。（請注意這是基於基金週轉所得的隱藏持有期，基金成立尚未滿二十七年。）基金吸引了有著相似理念的投資者。每年贖回率低於 3%。管理費僅有 40 個基點，也就是 0.4%。1960 年時，管理費跌至僅有 19個基點。

但是麻州投資者信託基金的故事發展和沃亞不同，有著悲

傷的結局。它也驗證了另一個古老的真理，那就是華爾街常常搞砸好點子。華爾街很快地就使這簡單又聰明的開放型共同基金概念變質，並讓它成為另一個搖錢樹。

以華爾街的觀點來看，麻州投資者信託基金的問題就在於沒人能從中獲利，除了基金本身的投資者外。因此，1969 年有人說服麻州投資者信託基金加入外部管理者。在此之前，麻州投資者信託基金僅有內部管理者。這就是毀滅的第一步。

有了外部管理者以後，管理費開始攀升。到了 1969 年，管理費已經膨脹了 36 倍，而管理資產僅成長 7 倍。外部管理者以更具侵略性的方式管理基金，並且頻繁交易。令人悲傷的跌宕就此來臨。2004 年，貝萊德（Blackrock）買下基金進行合併。麻州投資者信託基金的年代終結了。

如今，大部分的基金都索取高額費用、交易過度頻繁，並且以拙劣方式追蹤市場。魯文斯坦在書中寫道，普遍來講，一基金擁有近一百六十種股票，並且每年進行替換。這不叫投資吧。但是華爾街確實可以因此獲利。

目前的基金機制不希望你挑選好股票後，就安靜等待。他們想收取你的費用，並且總想賣掉你的股票。

這讓我們再回到沃亞基金。麻州投資者信託基金的故事讓人益發覺得沃亞基金的獨到之處，它堅守最初的使命直到今天。沃亞基金太特別了，它閃爍著美國歷史的光芒。

好吧，我知道你很難死守一張股票八十年。而且甚至連用

咖啡罐方法守個十年，對你來說都太漫長了。

　　但是你身邊一定有幾個你願意跟他分享長期投資智慧的年輕人吧。向他們說說咖啡罐哲學，聊聊沃亞基金，讓他們在華爾街能走得聰明一點。

　　針對極端漫長的持有期，有位讀者寫信給我，節錄如下：

　　我的想法是，咖啡罐哲學是個能為孩子與孫子留下璀璨遺產的方法。我已經六十六歲，擁有三十五年投資經驗（我知道你的咖啡罐點子需要持有十年，但我相信持有越久越好），或許咖啡罐點子不適用於現在的我。我對那支從 1935 年挑股完就再也不動的基金感到非常震撼，我不知道現在還有沒有人能如此執行，但這方法絕對能避免投資者受個人因素干擾。

　　問題是：你要如何選出可以在咖啡罐裡放個三十五年的股票？當我檢視你列出的最佳企業清單時，幾乎所有股票都是超過二十五年或更長的回報。如果我在 1970 年選擇長期投資，我猜我會投資西爾斯（Sears）、奇異、美國鋼鐵（US Steel）、西屋電氣、埃克森美孚和道瓊指數成員公司的股票。有些大概會表現不錯，好比奇異和埃克森，但我大概不會投資沃爾瑪、蘋果、微軟等，而有些投資可能很糟糕。如果我們買下投資大師如巴菲特所選的股票，並坐等其成，結果會更好嗎？但是，現今這些聰明的投資大師恐怕不會再活個三十五年吧。

他的想法很難回答，特別是現今我們處於時刻變異的年代。舉例來說，讓我們檢視標普 500 指數內公司的平均存續時間。現在是不到二十年。請見下方圖表。

標普指數的公司平均存續時間（年）

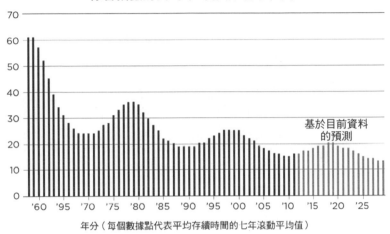

年分（每個數據點代表平均存續時間的七年滾動平均值）

1958 年，標普指數內公司的平均存續時間為六十一年。由此可見，這個情勢變化相當大。依照目前狀況來看，創見策略顧問公司（Innosight）估計，到了 2027 年，目前的標普指數企業約有 75％將被替代。當然，不在標普 500 內，不代表公司已死。除非是收購，不然標普 500 指數只會在企業出問題時，將它趕出名單外。舉例來說：電路城公司（Circuit City）、紐約時報、柯達與貝爾斯登（Bear Stearns）。如果企業

市值縮水太多時，標普指數因為擔憂表現過差，也可能將其踢出名單外。（雖然下跌的股票在跌後的第一年往往表現優於大盤，這不包括被收購的股票。）

讓我再向你分享另一圖表，以解釋我的觀點。下表是截至 2013 年按領域劃分的美國公司平均資產壽命：

產業	資產壽命
資訊科技	6.6
醫療照護	11.4
非必需性消費	12.4
必需性消費	15.1
工業	15.4
電信服務	16.1
能源	17.6
礦業	18.6
公用事業	29.4

此表格來自麥可‧莫布新（Michael Mauboussin）於 2014 年發表的題為〈以長期觀點分析短視主義〉（A Long Look at Short-Termism）的報告。莫布新是投資策略專家，並著有多本頗具威信的著作與研究報告。他認為，「美國企業的平均資產壽命正在縮減。」越來越多的企業落點在較短資產壽命的區塊。莫布新總結道，

較短的資產壽命暗示投資管理者應以較短的時程操作投資，如此才能合理反應商業的世界。舉例來說，許多科技公司的管理者不會採取公用事業管理者的思維，為企業規畫十年後的未來，因為公司變化速度實在太快。

　　因此，三十五年對這樣的企業來說實在太久了。這也與百倍股的概念有所違背，導致在「長期持股」和「時間的潛在破壞性影響」兩者之間存在著緊張關係。沒有什麼可以天長地久。

　　我們將在下一章了解應該要關注哪些類型的公司。但我們還沒有完成對咖啡罐概念的探索。

獲利百倍的最大障礙

　　我之所以在本書一開始就花了很長篇幅向讀者們解釋長期投資的力量，原因在於這概念真的相當重要。真正阻撓你無法擁有百倍股、甚至只是三倍股的原因是——你是否有能力承受股價波動帶來的心理壓力，並堅持持有。

　　咖啡罐方法相當簡單又防呆，預防你去反覆承受股價起起伏伏的波動壓力。

　　我相信你一定經歷過大盤的劇烈波盪，這時候想要追高賣低的衝動感實在特別強烈。我們就像參與著名實驗的小孩，明

明對方說如果等五分鐘就能得到兩個棉花糖，但我們仍舊忍不住張嘴立刻吃掉它。

即便是最頂尖的投資者，也都有過這種無法抑制的衝動操作經驗。巴菲特就是一個最好的例子。某位讀者，也是我的好友，曾寄給我一封 1995 年巴菲特給波克夏海瑟威股東的信：

我第一次對迪士尼產生興趣是在 1966 年，當時它的市值還不到 9,000 萬美元，儘管該公司在前一年度時，稅前盈餘是 2,100 萬美元，而且擁有的現金多於負債。當時迪士尼樂園斥資 1,700 萬美元的加勒比海盜設施才剛要開幕。想像一下我有多興奮——這家公司的賣價不過是海盜船的 5 倍！

我印象深刻，並利用巴菲特合夥事業資金買進大筆股分，其分割調整後的平均成本約為每股 31 美分。這樣的決定顯然很明智，因為現在該股股價大約為 66 美元，而我們的董事長卻在 1967 年以每股 48 美分的價格將此筆股票賣出，使其效果大打折扣。

雖然巴菲特得到了 55％的收益，不過這筆買賣實在代價太高了！

重點不在於我們沒有耐心，而是交易這條路並不容易。這讓我想起 2012 年黃金礦業基金（Myrmikan Capital）創始者丹‧奧立佛（Dan Oliver）分享過的故事。他指出蘋果自 1980

年首次公開發行（IPO）至 2012 年為止，成長了 225 倍。

但是……

那些堅持下去的人經歷過峰谷波動，甚至承受 80％的損失，兩次！ 2008 年的金融危機導致將近 60％的下跌。蘋果還有多次達 40％的下跌。許多大贏家一路上都遭逢不少慘烈虧損。

《華盛頓郵報》作家巴瑞・里索茲（Barry Ritholtz）也分享過不少類似故事。2002 年以來，網飛（Netflix）股價成長達 60 倍，但也曾在單日內股價暴跌 25％，四次！最慘的單日表現甚至下跌 41％。網飛也曾經歷長達四個月的衰退，其股價下跌 80％。

然而，你當然不可能只是死守著所有股票。很多大贏家都曾經慘敗。里索茲提起雷曼兄弟、世界通訊（WorldCom）、朗訊（Lucent）與捷迪訊光電（JDS Uniphase）。我相信我們還可以舉出更多例子。

因此，這需要耐心、精明的選股，以及就像生活中的大多數事情一樣——還要一點運氣。（在整個過程中一直抱著蘋果股票的人根本不知道會有 iPod、iPhone 或 iPad。這些東西在蘋果營運的十多年內都還不存在。）

此時，咖啡罐方法就能派上用場了。你不需要把所有的錢都放入咖啡罐投資組合內。你只要將十年都不會動用的錢放入咖啡罐即可。我相信其成果將勝於任何其他投資項目。

咖啡罐啟示

你或許認為咖啡罐投資組合來自比較樂觀的看法，就像 2015 年巴菲特給股東的信一樣。

其實並非如此。你可以對世界抱持極其消極的觀點，但我仍會推薦你咖啡罐投資組合。接下來我會好好說明原因。

但是首先，我們來分享一下巴菲特的樂觀精神。

我讀過他的年度股東信，也瀏覽許多他人的評論。其中，SNL Financial 專欄作家艾妲·李（Ada Lee）的批判相當有趣。她寫道：

今年信件中最嚴重的破綻和去年一模一樣。巴菲特習慣以某種方式表達對美國前景的看好，而如此的自滿將成為牛市觀點的風險。

巴菲特的信件中寫道，他「總是認為」對不斷成長的美國繁榮前景「下賭注」是絕對正確的事。確實，在過去兩百三十八年以來，有誰因為與美國對賭而得到好處呢？

但是，對此李有非常好的見解：

確實沒有人。但不幸的是，這種說法在徹底錯誤以前都會是對的。例如對伯羅奔尼撒戰爭前的雅典人，或對 1980 年前

的蘇聯人來說，都是如此。在那之後，再也沒有人會因為站在雅典或蘇聯那一邊而獲益。

因此，好好設想一下，如果未來的繁榮不如過往呢？我們能從過去的災難中，得到如何保存財富的啟示嗎？

很多人試圖回答這問題。我第一個想到的是巴頓‧畢格斯（Barton Biggs），他是摩根士丹利公司的資深策略分析師，隨後成為避險基金管理者與作家。《華爾街刺蝟投資客》（*Hedgehogging*）是他的首部著作，相當值得一讀。

不過，某種程度上畢格斯更像災難論者。在歷史上巨大財富毀滅的時期，天啟四騎士陷入狂野之中，畢格斯對此感到驚駭。他擔心災難再次發生，於是他問了一個恆常不變的問題：「在四騎士大開殺戒的時候，你如何保住自己的財富？」

用畢格斯的話來說，有一、兩個問題在他心頭「盤旋不去」，上述問題為其中一個。另一個問題則是，股市的判斷是否足夠明智，又或者，市場只是「群眾愚昧的共識」。

畢格斯的其中一本著作《財富、戰爭與智慧》（*Wealth, War and Wisdom*），從二戰時期的角度清晰地回答這些問題，歷史正是畢格斯最感興趣的主題之一。

在群眾智慧這個主題，畢格斯頗有研究，他發現全球股市往往「在重大轉折點，會表現出令人驚訝的出奇直覺。俗話說，大事即將降臨時，它們的影子總是先投射在紐約證交所

上。」

他這麼描述：

- 1940 年英倫空戰前夕，英國股市跌到谷底。
- 1942 年 5 月下旬，因為中途島海戰，美國市場發生了翻天覆地的變化。
- 1947 年 12 月初，德國先遣隊進攻莫斯科前，德國股市就飆升至峰頂。

「上述三個時間點是二戰的重大轉捩點。然而在當時，沒有人認為股市有如此強大的辨識能力。」畢格斯寫道。

我必須承認市場的直覺相當準確。當市場不符人們的預期所想，就很容易認定市場過於瘋狂，但畢格斯認為市場的集體判斷遠比我們所認為的更有智慧。無論如何，這與我認為相當重要的第二個問題相距甚遠。

第二個問題是想弄清楚，如何在四騎士如同野馬般狂奔時，守住自己的財富。畢格斯試圖在二戰多場大屠殺之中找到答案。你會發現其中許多篇章命名為「如何在戰亂時期保存財富」、「波蘭的土地掠奪」、「匈牙利的地產掠奪」、「捷克斯洛伐克的土地和財產竊取」以及「蘇聯紅軍的強暴與劫掠」。

但是，進行龐大研究之後，災難論者畢格斯仍建議將75％的財產放在股市。

這是因為儘管畢格斯對災難歷史擁有一定程度的理解，他仍然相信——即使在遭受重創的德國，股票仍然是持續保有購買力的最佳方式。但這也是因為他明白，要想增加財富，最好的辦法就是擁有資產。你必須成為擁有者。

如果你擁有股票，就等同擁有部分實體企業，企業體內將有人試圖解決問題，他們握有資產與實際利潤。資產所有權是抵禦災難的最佳長期保障。

但是，那其他 25％的財產呢？

畢格斯建議將小部分的財富投注在牧場或家庭農場。他贊成擁有安全的舒適圈、備好足夠的種子、肥料、罐裝食物、酒、藥品、衣物等。

我不認同所謂的生存主義概念。但是我只想強調，在真正的經濟崩盤發生時，你的投資組合不應當成為你最沉重的煩惱。但是至少在二戰如此的災難中，股票是你最好的選擇。

好的，讓我們回到咖啡罐概念，並思考對災難主義者來說，咖啡罐哲學有何用處。

首先，你的咖啡罐頭裡不見得要有股票。如果你想，當然可以在咖啡罐裡塞滿黃金。雖然我自己不會這麼做，但關鍵是咖啡罐概念並非等同巴菲特對美國的過度樂觀主義。你可以在咖啡罐內放入任何自己想要的資產。

咖啡罐的終極概念是讓你免於自傷，避免在錯誤時間點因為波動與情緒而進行錯誤的買賣交易。不管是熊市或牛市都不

會干擾到你的咖啡罐。

如果你看空股市，並且拒絕咖啡罐方法，這代表你認為在接下來的十年內，比起堅守今天這個長期緊抱的最好概念，你所做的短期決策更值得仰賴。這真的不太可能，畢竟所有的研究報告都顯示，當多數投資者過度交易時，只會損害到自己的報酬。

換句話說，咖啡罐哲學背後的理論認為你未來所做的一連串短期決策，並不會優於你今日所做的單一決定。儘管結果可能不同，但是這與你對未來十年的經濟是否仍舊繁榮的看法無關。

如果十年後經濟蕭條，那所有的經濟策略都會大受影響。你不能說，「好吧，我認為美國就是下一個阿根廷，所以我不會用什麼咖啡罐方法。」結論往往與前提無關。你依然必須決定自己該何去何從。

如同我先前所說的，你不需要把所有的資產放在咖啡罐內。我老是這麼告訴其他人，你只要把一部分的現金放在咖啡罐就好。這無須是你唯一的投資策略，但是可以成為投資方法的其中一環。

讓我總結吧，請不要因為對災難的恐懼，而排斥創建咖啡罐投資組合的想法。

咖啡罐投資組合的注解

我愛咖啡罐概念。其中的一個原因是這方法人人可用。它與百倍股概念完美融合,因為如果你真的想擁有百倍股,那你必須給那支股票一點時間。我們會在隨後繼續詳談,但是自 1962 年以來,在我所研究的 365 支股票裡,僅有 20 支股票在十年內成為百倍股。

如果你願意給予你的股票更多時間慢慢醞釀,結果將會令你相當驚喜。仔細想想,不賣股票也沒那麼難。我可以再與你分享幾個拒絕賣股,並且累積不少財富的真實故事。

讓我再告訴你一個咖啡罐故事。1998 年,哥哥與我分別繼承了兩千股普萊克斯(Praxair)。我確信當時價值約為 3 萬 4,000 美元。我沒有將股息再投資(真希望我有這麼做),但根據每年收到的股息金額調整「購買」價格。

當估算價格下降到每股 1.2 美元以下時,我停止了調整購買(因為不希望轉成負值)。目前該股價格是 126 美元,這代表成功地達到回報成長 100 倍的條件,即便其股價並沒有成長 100 倍。當時父親購買的價格應該每股將近 1 美元……目前我手上握有該股股票總值超過 25 萬美元。

我覺得這些故事都滿激勵人心的,還有點質樸無華的味

道。他們不是來自熱門避險基金經理，只是另一個願意長期持股的普通人而已。

讓我再分享一個故事：

我對咖啡罐投資哲學很有興趣，因為以我個人經驗來說，那也是真正獲利的唯一方法。多年來，我擁有兩次成功與一次巨大的失敗，它們都跟咖啡罐投資法有關。

我的第一個成功投資是小型新創公司微系統（Micros Systems），我以每股 1.30 美元的價格買了兩百股。自從我於 1981 年或 1982 年買入後（大概那個時間點吧），該公司成長、分割數次，並在去年被大型科技公司買下。我因為這支股票獲得 5 萬 4,000 美元。

第二個成功投資是價值 3,500 美元的奇異股票……我在奇異工作了三年，並透過工資預扣進行投資。該筆投資一路成長到最後超過 12 萬 5,000 美元……我所做的不過就是買入，然後好好放著而已。

而我那場巨大的失敗則與墨西哥電信（Telefonos de Mexico）有關。我在 1982 年買了六百股，並在翻倍時賣出。老天，那真的很糟，如果我繼續慢慢放著，絕對會……

不難相信為什麼咖啡罐投資法確實吸引人。畢竟誰都不想花上大筆時間追蹤股票動態、焦急地觀看螢幕，並時時關注市

場跌宕。

對我來說，了解自己所擁有的資產，並且確實擁有的感覺，往往來得更加真實。你不必焦慮該筆投資資產的每日價格或每月波動，而是好好地過自己的生活，不受拘束。

以下故事能讓我們更了解百倍股的真正意義：

回覆信件：百倍股夥伴們，我相信你們一定對我的經驗有興趣。1987 年，我以等額價值投資十間高科技與生物科技公司，他們都有絕佳的發展前景，如果能將其產品成功推到市場上，將會成為空前之作。好吧，我很努力要明智挑出好公司，但十間公司中有九間很快地表現搖搖欲墜。雖然失敗不乏原因，但是關鍵往往在於資本額不足。然而，第十間公司安進（Amgen）成功了，它不但彌補了其他九間公司的損失，還讓我得到 800 倍的獲利，最終我為了供孩子們上大學，在 1994年賣掉了安進。真希望我手上還有那支股票啊。

這個經歷讓我學到了兩件事：你必須選對具有信服力的好故事（好的領導者、對的國家，或是……）接著，你只能投入你願意承擔損失的投資金額，以便承擔風險。這些你都得做到。

這點真的很重要，而且值得一再重提。對咖啡罐投資組合來說，你必須願意輸掉罐內的一切。但是其概念是，該咖啡罐

內的投資組合總獲利將可彌補個股類似的災難損失。

我不建議你在咖啡罐裡放新創公司。我會選擇更為穩健、未來擁有較長成長軌跡，並且有能力以高報酬率讓資本價值產生複利的公司。

現在你知道必須長期持有了，我們接下來開始討論你該放入什麼樣的股票。一起來看看百倍股吧。

04
洞察百倍股煉金術
Studies of 100-Baggers

　　除了菲爾普斯的傑作，市面上還有無數關於百倍股的研究。我不確定自己是否把百倍股相關著作全數閱讀完畢，不過也盡力找到不少。其中，至少有幾本書，是從菲爾普斯那裡獲得深刻的啟發。

　　當然，關於贏過大盤的股票研究自然不少。但是現在我只想聚焦於百倍股現象，或與其相似的狀況。

　　我想強調其中一些故事，因為它們為接下來的內容奠定許多的基礎。這裡討論的許多原則都是我稍後會再次強調的。通往百倍股的道路只有這麼多，包括菲爾普斯在內的開拓者們，已為我們劃出了一塊地盤與路徑範圍。

東尼的百倍股

TS 分析公司（TS Analysis）的東尼發表了十五頁的非正式分析〈百倍股分析報告〉（An Analysis of 100-Baggers），在網路上就可以找到。東尼這麼寫，「我不是投資顧問或金融分析師，我只是個熱愛分析股票的人而已。」

他觀察了 19 支百倍股，並得到四個結論，我將引用如下：

- 最有力的股票走勢往往發生在盈餘成長的較長時期內，此時本益比也持續擴大。
- 本益比擴張時期似乎往往與盈餘成長加速時期相吻合。
- 一些最有吸引力的機會很常來自遭受重創、被忽視的股票，這些股票可能經過多年的虧損，獲利能力開始逐漸恢復。
- 在股價快速上漲的時期，股價可能會達到很高的本益比。不過，這不一定是阻止人們繼續持有股票的理由。

漢森自然飲品（Hansen Natural，現在的魔爪飲料）就是經典的例子。

東尼指出，其盈餘成長率自 2001 年至 2002 年間從負轉零。自此時，其盈餘每季從 20％增長至 40％，最後到

100％。2004 年第一季盈餘成長達 120％，接著是 150％、170％，最後在第四季上漲到 220％。

同時，其本益比也有所上升。2001 年，每股盈餘僅為 4 美分，股票的本益比為 10。到 2006 年，每股盈餘約為 1 美元，本益比 50。

你想想看。每股盈餘成長了 25 倍，伴隨於此，該股的股價上漲了 125 倍。（我們將在下一章中更詳細地介紹魔爪飲料。）

成長、成長，以及更多的成長，正是股票強勁背後的動力。

吉普・馬洛尼（Chip Maloney）最近在微型股投資俱樂部（Microcap Club）網站上發布了關於百倍股的絕佳案例研究。這值得我們花些時間了解，並且也詳細說明東尼的原則。馬洛尼檢視了加拿大速食連鎖店 MTY 飲食集團（MTY Foods），該集團旗下擁有泰式速食（Thai Express）、極品皮塔餅（Extreme Pita）與 TCBY 冰淇淋店。

2003 年 MTY 飲食集團市值為 500 萬美元。到了 2013 年，當初在 MTY 飲食投資的每 1 美元增值成 100 美元。馬洛尼提出的問題，也是我在寫這本書時不斷問自己的問題。以本質上而言，百倍股究竟是如何成為百倍股的？

在此案例中，故事要從史坦萊・馬（Stanley Ma）開始說起，他在 2003 年成為公司總裁，而 MTY 集團是速食連鎖企

業。馬洛尼寫道,「作為創業家的史坦萊‧馬,1987 年剛移民加拿大時,為集團創建了旗下第一間中餐廳概念,明中餐料理（Tiki Ming-Chinese Cuisine）。」

故事重點在於史坦萊‧馬在成為公司總裁時,買下了 20% 的股分。他總共擁有公司 29% 的股分。身為投資者與經營者,他有絕對的動力讓公司上軌道。

馬洛尼檢視了 MTY 股票成功的數個原因。一開始馬總裁是主要原因,但是該公司也擁有許多其他絕佳機會。我從馬洛尼完整的分析清單中,挑出幾個主要原因:

- 股價是預期未來盈餘的 2 倍（便宜！）。
- 企業是搖錢樹,毛利率高達 70%。
- 成長空間大：MTY 只占速食市場的一小部分而已。

馬創造了新的餐廳概念（總共五個）,並買下其他公司（最終十九間）。名字與細節都不重要,重點是這些新的店面讓 MTY 飲食集團可以快速開拓展店地點。上述事業創造了極高的利潤,因此,獲取利潤並再次投資等同創造了快速推進增加營收與盈餘的渦輪。你可以在下一頁圖表清楚見到,「MTY 集團如何一步步成為百倍股。」

馬洛尼有個相當有趣的觀察:

每股盈餘增長了 12.4 倍。但是，如果公司的獲利只增長了 12.4 倍，那麼股票是如何成為百倍股的呢？答案在於本益比的倍數性擴張。2003 年 MTY 股票被市場忽視時，投資者的本益比大約是 3.5 倍，但是 2013 年的本益比是令人感到樂觀的 26 倍。

MTY 飲食集團躍升百倍股的歷程

	營收（百萬美元）	每股盈餘	分店數目	股價
2003	$11.50	$0.10	260	$0.34
2004	$15.50	$0.19	420	$2.50
2005	$18.62	$0.27	527	$3.85
2006	$22.40	$0.33	784	$6.40
2007	$30.53	$0.48	825	$12.63
2008	$34.24	$0.52	1023	$7.34
2009	$51.50	$0.64	1570	$9.15
2010	$66.90	$0.81	1727	$14.40
2011	$78.50	$0.84	2263	$15.30
2012	$96.20	$1.15	2199	$22.25
2013	$101.40	$1.34	2590	$34.34
成長	7.8 倍	12.4 倍	9 倍	100 倍

因此，需要的是公司獲利能力大幅成長。但是，獲利上升和高倍數的本益比兩者組合，實際上才是實現長期爆炸性回報的真正原因。在這種情況下，所謂的長期也沒有那麼長——只

有十年。

　　我歸納兩個原因——獲利成長與更高的收益倍數，這就是百倍股的「雙引擎」。我們隨後會繼續討論這概念。

微型股與百倍股

　　通常來講，微型股指的是市值低於 3 億美元的股票。

　　就股票數量而言，微型股實際上主導了市場。美國共有 1 萬 6,000 支公開交易的股票，其中約有 7,360 支低於 5 億美元。我們可以透過大衛‧岡特利（Dave Gentry）在《微型股超級新星》（*Microcap Superstars*）應用的方式，進行市值分類：

- 7,360 支股票市值低於 5 億美元
- 6,622 支股票市值低於 2.5 億美元
- 5,713 支股票市值低於 1 億美元
- 5,053 支股票市值低於 5,000 萬美元

　　這代表市場上有 40%的公司是微型股。我們可探索的空間相當大。而在此之中，將有明日的超級巨星。我

說的是顯而易見的事情，許多大公司都是從小規模起步。岡特利列出其中幾個公司：

- 1971 年星巴克在西雅圖以專門賣咖啡豆的小店起家，今天的市值已達 760 億美元。
- 1976 年蘋果以 1 萬美元的資本在車庫開始營運，今日價值為 7,660 億美元。
- Subway 最初是康乃狄克州布里奇波特的一家三明治小店，今日銷售額超過 90 億美元，擁有超過 3 萬 5,000 個門市據點。

你懂了吧。小公司可以成長 10 倍或 20 倍，但仍然是個小公司，它們有空間成為百倍股。相反的，今天的蘋果市值已超過 7,660 億美元，我們可以很有把握蘋果不會再上漲 10 倍或 20 倍，當然更不會實現 100 倍的回報。

百倍股背後的煉金術

我的研究重心主要放在美股，但是我很好奇以上研究是否也適用於其他市場。

幸運的是，有類似主題的研究報告。莫提拉奧斯沃（Motilal Oswal）公司研究了印度的百倍股，該報告於 2014 年 12 月出版，研究作者群也強調菲爾普斯給他們的啟發，並以該報告向菲爾普斯致敬。

報告相當詳盡，並且有許多足供參考的觀點。報告寫道，「很少有投資者能意識到自己的股票投資會有百倍成長，而真正獲利於股價百倍增長的人更是少之又少，因為百倍成長代表需要三年以上、甚至十年的時間。要能握有股票如此漫長的時間，需要絕對的耐心。」

確實，你現在應該有一定的概念了。下方圖表清楚顯示，特定股票要成為百倍股所需的時間和報酬率。

不同成長率要達到百倍股所需年數

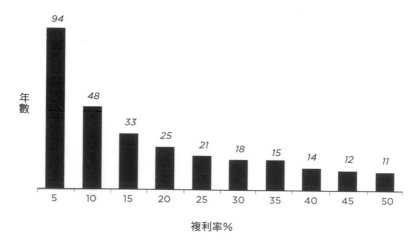

你不需要持股二十年才能得到百倍回報。但是我們的概念是讓你知道長期複利的力量。要醞釀如此的成長動能需要時間。

　　奧斯沃公司發現在過去二十年來，印度有 47 支歷久不衰的百倍股。該報告排除了只有璀璨瞬間的泡沫式股票。令人訝異的是，與 1979 年相比，印度股市整體成長了 100 倍。報告指出，「印度孟買指數（BSE Sensex）以 1979 年作為基數 100，該指數於 2006 年 2 月首度飆破 10,000 點，這等同在二十七年內成為 100 倍，每年成長率 19%。」在我執筆當下，孟買指數是 27,000 點。

　　我認為奧斯沃公司的結論相當有趣。

　　畢竟，我們的目的是希望透過該報告的協助，找到今日的百倍股。基於我（以及菲爾普斯）的研究，我們認同奧斯沃報告的觀點，最重要的關鍵是「成長，所有以不同標準定義的成長，包括銷售、利潤與估值」。

　　多數的百倍股都在上述項目擁有驚人的成長曲線。當我們研究百倍股時，會發現我們真正在研究的，正是成長，以及成長如何發生。還有最後，成長如何持續至百倍巔峰。如同圖表所示，21% 的年成長率大約可以在二十五年達到目標（這是我所研究的實現百倍股的平均年數）。

　　不過，還有其他因素相同重要。「從我們所研究的百倍股顯示，其成功關鍵可以總結為五要素（SQGLP）」，報告如此

紀錄：

- 規模（S, Size）：規模必須小。
- 品質（Q, Quality）：企業與管理品質俱佳。
- 成長（G, Growth）：獲利成長性高。
- 持續（L, Logevity）：品質與成長必須維持。
- 價格（P, Price）：價格有利於獲得良好回報。

除了管埋的評估外，上述要素多半相當客觀。「我們的分析結論是，只有管理才是百倍股的最佳煉金士。」他們如此作結，「唯有能真正評估管理階層的投資者，才能在股市獲得黃金級回報。」

這正是為什麼我特別看重人才的原因，我們會在之後的章節繼續討論。當你選擇投資頂尖創業者與經營者時，這將是你最顯著的優勢。如果你懂得結合人才與其他要素，即便沒有找到百倍股，你也將獲得高額回報。

你可以在網路上找到四十八頁印度百倍股報告免費檢視。請搜尋「莫提拉奧斯沃百倍股」（Motilal Oswal 100x），即可瀏覽精采內容。

馬特利的十倍股

我收到另一份作者本人分享的報告，是來自馬泰克合夥公司（Martek Partners）的凱文‧馬特利（Kevin Martelli）的四十五頁簡報，標題是「過去十五年內的十倍股」。他在 2014 年 7 月 17 日、18 日發表於義大利特拉尼（Trani）的「價值投資研討會」。

雖然他的目標並非百倍股，不過他也和我一樣從菲爾普斯的《股市中的百倍股》獲得相同的啟發。馬特利收錄該書所引用的喬治‧貝克（George F. Baker）名言，並為此概念總結：

要在股市獲利，你必須「有挑選股票的眼光、有買進的勇氣，並且具備長期持有的耐心。」根據菲爾普斯的說法，「在這三種特質中，最難能可貴的是耐心。」

馬特利的研究正如其標題，研究在過去十五年內的十倍股。他從大約兩萬一千家市值超過 1 億美元的上市公司中篩選出十倍股。

在這些樣本中，他發現了 3,795 支股票（占初始樣本 18%）做到了實現 10 倍回報。

他和我一樣都發現，這真的很難預測。因此，他以「相對客觀」的方式選擇了一百多支多倍股，讓理性與長期思考導向

的投資者可以有較佳的機會辨識、購買並長期持有。

這是一份優秀的報告，其中有些要點如下：

- 我們並沒有可以找到長期多倍股的絕佳方程式。
- 關鍵在於，與公司長遠潛在利潤相比而言較低的入場價格。
- 小即是美：在樣本中的 68％多倍股，市值最低時都低於 3 億美元（都是微型股）。
- 優秀的股票通常會提供很長的購買時間。
- 耐心非常重要。

我必須強調，他所選的股票多半擁有頂尖的管理團隊，他們就如何投資公司資源做出了良好的決策。團隊通常也會有大股東或企業家創始人參與其中，這有助於克服公司發展的障礙。

這裡有個有趣的例子是汽車地帶（AutoZone）。在馬特利的研究裡，汽車地帶股票成長到 24 倍，儘管其成長率相當緩慢，僅在 2％到 5％之間。然而，汽車地帶購回大量股票，這推動了每股盈餘成長率達到年均 25％。

我們會在第 11 章繼續討論此觀點。

赫斯爾曼的獲利階梯

　　另一份研究是海威特・赫斯爾曼（Hewitt Heiserman Jr.）所寫的「班傑明・葛拉漢與成長型投資者」（Ben Graham and the Growth Investor）。赫斯爾曼給我寄來了五十頁報告。報告開始他就提到投資成長強勁的股票與持續持有，這兩者的吸引力。吸引特點有以下幾項：

- 你可以推遲資本利得。
- 你可以減少交易。
- 你不必擔心「時機」的問題。

　　赫斯爾曼的報告與百倍股無關，他的重點在於成長股很有可能成為多倍股。

　　但是，我們如何看待那些認為價值股投資勝過成長股投資的研究呢？

　　好吧，這是因為其中有陷阱的緣故。其中一個明顯的陷阱就是投資者經常為成長付出過高的代價。對百倍股來說，你似乎不必擔心付出的價格。以下有個簡單的心理實驗練習顯示這並不完全正確。

　　假設有兩間公司，A 公司與 B 公司。一開始，兩間公司每股盈餘 1 美元。兩間公司都在第二十年時增長至每股盈餘

20 美元。假設在第十年年底，兩股票交易價格為每股 500 美元，也就是每股盈餘的 25 倍。

現在，假設在第一年，你可以以每股盈餘的 5 倍，也就是每股 5 美元的價格購買 A 股；另一方面，你可以每股盈餘的 50 倍，也就是每股 50 美元的價格購買 B 股。二十年後，你在 A 股的投資已成長百倍，每股盈餘增長 20 倍，本益比增長 5 倍，此組合成為了百倍股。

投資 B 股，你將在二十年後擁有十倍股。這也不差，只不過遠遠落後百倍股一大截。投資 A 股 1 萬美元可以在二十年後拿回 100 萬美元，而投資 B 股 1 萬美元只能拿回 10 萬美元。

看起來付出的價格並不重要。當然，沒有人會抱怨十倍股。但是，唯有當你同時擁有盈餘成長與本益比倍數擴張時，才可能產生巨大豐厚的報酬。最理想的狀況是，你能讓這兩股作用力都為你帶來回報。

我的練習可能有點極端，但是目的在於讓你理解，你不能隨意地買高價股，並期待會得到百倍報酬。

另一個陷阱是，盈餘可能會有自身的限制。赫斯爾曼列出幾點：

1. 盈餘忽略了固定資本的投資，因此當資本支出大於折舊時，淨現金流出會被排除在外。

2. 盈餘忽略了營運資金的投資，因此當應收帳款和存貨的增長速度快於應付帳款和應計費用時，淨現金流出被排除在外。

3. 研發、行銷廣告和員工教育訓練等增進成長的無形資產是費用（而非投資），即使其收益會持續數個會計期。

4. 股東權益是不計入成本的，雖然對股東而言屬於機會成本。（換句話說，企業可能支出 50 美元，只創造 1 美元的獲利。但是如果你只看每股盈餘，那麼你就會忽略這些為了創造獲利而投入的成本）。

這裡想表達的重點是，你不可以只看每股盈餘。

我不想在本書內討論會計與證券分析的來龍去脈。基本上，市面上有很多基礎教材可以讓你理解以上所說的概念。菲爾普斯推薦葛拉漢與陶德的《證券分析》，如果你需要證券分析作為參考書，不妨一試。即便此書出版於四十三年前，但仍有參考之處。但是，話說回來，追求百倍股實與證券分析無關。

觀念的力量更重要。沒有證券分析師可以告訴你，哪支股票是百倍股。挑選百倍股需要遠見和想像力，以及對企業的可實現目標和潛在規模有自己的看法。投資是一門減法的藝術，能夠看穿事物本質的人才會是最終贏家。

證券分析所能做的就是剔除惡劣選項——即使盈餘大幅增

長，卻沒有創造任何價值的那些公司。在本書的後面章節，我將提供思考上述問題的捷徑。

讓我們回到赫斯爾曼的研究。赫斯爾曼找到了不少多倍股的好例子。名單看上去很有「股市全明星賽」的熱度，好比：微軟、思科、戴爾、Chico's、Google、沛齊（Paychex）、漢森等公司。

他說這些公司的獲利節節高升，就像走樓梯一樣。

上述研究都顯示了，歷史上的多倍股都擁有長期性的強健成長。

在下一章裡，一起來看看我從 1962 年至 2014 年之間所挑選出來的百倍股中發現了什麼。

05
過去五十年的百倍股
The 100-Baggers of the Last 50 Years

在目前為止的討論裡，我們已經收穫頗豐。我向你介紹了重要人物菲爾普斯，以及他的概念與智慧。你知道了普通人也可以透過長期持有好股票，而擁有百倍股。還有，我們勾勒出了百倍股的基本輪廓。

白倍股是時間與成長的結晶。要擁有百倍股，你必須持有一檔優質股票好幾年。我想強調，從數學角度來看，要將 1 萬美元變為 100 萬美元是件多麼艱難的事。事實上，你也必須了解百倍股的回報模式。

如果你買了 1 支年報酬率 20％的股票，並且持有二十五年，你將有自己的百倍股。但是，如果你在第二十年就賣掉了，你的稅前報酬會只有 40 倍。最後的五年能使你的總報酬

翻兩倍以上（假設年報酬率持續不變）。所以，你得等待。

我不是想嚇唬你。你當然可以在二十年以內得到絕佳收益。但是我希望你可以考慮得更宏遠、長期一些。

除此之外，持有是最能節稅的投資方式，因為你無須為任何報酬付稅，所有收益的複利所得都是免稅的。讓我再舉一個例子，我們得感謝第 1 章提過的查克·阿克雷。

假設 1977 年瓊斯先生與史密斯先生各自投資 100 萬美元買進波克夏海瑟威（這支超級股會在本書的第 9 章擁有獨立的章節）。不過，先假設瓊斯先生喜歡實現獲利，於是他賣掉股票，又在隔日買回。結果瓊斯先生必須向聯邦政府與州政府總共繳交 33％的稅。而相反的，史密斯先生讓股票繼續成長。

十八年後，假設兩人都希望賣掉股票，也都繳納稅款。史密斯的所得將是瓊斯的 3.4 倍。稅很重要，而投資百倍股相當節稅。

因此，讓我們回到百倍股。

請記得，你需要成長，大規模的成長。我將會一再重複這點。理想狀況下，你需要企業規模與市場對股票倍數作用的共同成長，正如同我們所見證的，我稱之為雙引擎模式。

這意味著你不能購買公用事業股票或大型成熟公司，並期望它們短期內（如果有可能的話）成為百倍股，例如麥當勞、沃爾瑪或 IBM。要找到百倍股，除了知道要買什麼之外，也得知道不該買什麼。有太多股票行不通了。先把那些股票排除

在外，有助於我們更容易找出百倍股。

有上述基礎概念後，我們可以開始研究過去五十年來的百倍股了，實際上是五十二年，但五十年聽起來更響亮。現在我們必須先回答一個很難的問題，「如何找到下一個百倍股？」

讓我們從財務資料庫公司 Compustat 所提供的 365 支百倍股資料開始（最早回溯至 1962 年），看看一些百倍股的重要特性。

首先，我想你應該會對這份名單中的多元性感到意外（本書附表中有完整名單與各企業的總報酬。）舉例來說，我在下表列出表現前十名的企業：

公司名稱	資料日期	總報酬	達成百倍股的年數
波克夏海瑟威	1965.9.30	18,261	19.0
堪薩斯城南方鐵路公司（Kansas City Southern）	1972.12.31	16,931	18.2
奧馳亞（Altria Group Inc）	1962.12.31	15,120	24.2
沃爾瑪	1970.10.31	12,382	12.5
赫利精煉（Hollyfrontier Corp）	1966.10.31	12,279	21.2
富蘭克林資源公司（Franklin Resources Inc）	1981.12.31	11,363	4.2
森林實驗室製藥公司（Forest Laboratories）	1972.12.31	7,874	11.5
TJX 公司（TJX Companies Inc）	1962.10.31	6,946	28.5
西北航空（Northwest Airlines）	1971.12.31	5,478	9.5
紐瑪基特公司（Newmarket Corp）	1962.12.31	5,077	22.8

波克夏海瑟威本身自成一格,我們將在第9章詳細討論。

堪薩斯城南方鐵路公司是鐵路股,自1974年以來已成長1萬6,000倍,若投資1萬美元會在四十年後成長為1.6億美元。我從來沒想到鐵路股會成為十大明星股。名單上的另一支石油天然氣公司目前為精煉廠,它的回報有1萬4,000倍。

有幾間公司出現在名單上並不讓人意外。你應該可以想像沃爾瑪與麥當勞都榜上有名。不過請記得,這只是前十大公司而已。自1962年以來,共有365支股票成為百倍股。

這份百倍股總名單看起來並無偏好任一產業。名單上有零售企業、飲料生產商、食品加工、科技公司與其他產業。從表面上看來,他們唯一的相似處只有符合我們的研究目標,那就是至少有100倍的投資報酬。

我們也必須關注百倍股公司剛起步時的規模。現在,如我先前所提,我不希望太快將數據概論化。這就是為什麼我更關注資料顯示與百倍股背後的概念或理論的緣故。在此前提下,我必須先行提醒,這365間公司起步時的銷售額中位數是1.7億美元,而市值中位數則為5億美元。

這有著兩個層次的意義。首先,數字破除了迷思,並非只有小公司可以成為百倍股。沒錯,這些都算小公司。但是不管對任何領域而言,1.7億美元的銷售額在任何時代都是可觀的業務。它們並非是沒有收益或幾乎無法產生收益的50美分小股票。

其次，數字顯示其股價營收比的中位數接近 3，這不管怎麼說都不算便宜。當你檢視上述百倍股，你會發現有些股票看來便宜，但很多時候根據過去結果，就會發現這些股票並不便宜。

你必須往前看，才找得到百倍股。要訓練你的大腦找到更有遠見的點子，思考企業的規模對比其可能性。這不代表該公司必須占有一大塊市場，儘管這或許有幫助。即便是小公司，也可能因為掌握利基市場而成為百倍股。北極星工業（Polaris）就因為製造雪地摩托車，而晉列百倍股公司。

除了少數例外，你還是會希望專注在有國內或國際市場優勢的公司。在百倍股公司名單上，比起小眾市場的公司，更常見的是像康卡斯特集團（Comcast）、美國家庭人壽保險（Aflac）、達樂（Dollar General）、自動數據處理公司 ADP 和洛克希德馬丁（Lockheed Martin）。這些企業雖然也是從小規模開始起步，但如今在市場上已是不可小覷，各占有一席之地。

1982 年，Aflac 銷售額僅有 5.85 億美元，但是到了 2002年，已成為百倍股，銷售額達 102 億美元。此外，該公司的股價營收比從 1.7 上升至 5.4。因此，這等於有了雙引擎：銷售成長與倍數成長。銷售額增長大約 17 倍，而股價營收比成長約 3 倍。總結起來，加上股息的再投資，使它們成為百倍股。即便我們排除股息，Aflac 也會在兩年後（2004 年）成為百倍

股。

　　表格中另一個有趣部分則是個別公司成長為百倍股所花費的年數。平均數字為二十六年。這也是中數。我以十五年為單位,統計公司成為百倍股的年數,請見本頁表中所示。

成為百倍股的時間分布

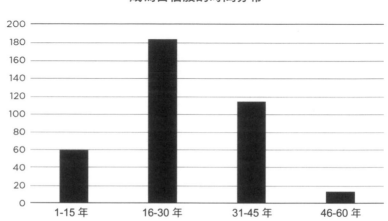

百倍股案例分析

　　接著,一起來看看幾個百倍股的案例,如此能更讓我們真實貼近百倍股。

　　在以下案例中,安哥拉金融公司（Agora Financial）的分析師亞歷杭德羅‧洛佩斯‧德哈羅（Alejandro Lopez de Haro）、馬修‧古德曼（Matthew Goodman,又稱尤達）與湯普森‧克

百倍股速達王

企業名稱	達成百倍股的年數
富蘭克林資源公司	4.2
法莫斯利醫藥（Pharmacyclics Inc）	5.0
次星傳媒集團（Nexstar Broadcasting Group）	5.0
克斯達藥廠（Questcor Pharmaceuticals Inc）	5.0
百健公司（Biogen Idec Inc）	5.5
時代華納（Time Warner）	6.0
威朗製藥（Valeant Pharmaceuticals Intl）	6.5
戴爾	7.2
L Brands 集團（L Brands Inc）	7.3
高通（Qualcomm Inc）	7.3
思科	7.3
易安信（Emc Corp/MA）	7.7
傑克亨利聯合公司（Jack Henry & Associates）	8.3
維克托集團（Vector Group Ltd）	8.5
愛德華 AG 公司（Edwards (A G) Inc）	8.7
孩之寶（Hasbro Inc）	9.5
魔爪飲料	9.5
西北航空	9.5
家得寶（Home Depot Inc）	9.7
NVR 公司（NVR Inc）	9.7

拉克（Thompson Clark）為我提供不少協助。之後你們也會認識他們。

魔爪飲料

我們先來分析魔爪飲料，該知名公司生產能量飲料與其他飲品。魔爪飲料只花了不到十年就成為百倍股，它在 2006 年達標，接著持續攀升成長，並在 2014 年年底成為七百倍股。

尤達，我剛提到的分析師之一，針對魔爪飲料做了一份研究報告。故事從兩個移民創業家開始——希爾頓・史斯伯格（Hilton Schlosberg）與羅德尼・薩克斯（Rodney Sacks），他們從南非移居加州，這兩人日後都成了億萬富翁。

根據尤達的報告，1992 年兩人投資 1,450 萬美元在漢森自然飲品與蘋果汁上。漢森的企業史可溯及 1930 年代。諷刺的是，最初漢森的主要業務是銷售未經高溫殺菌的新鮮果汁，而後創辦人的孫子則以銷售經高溫殺菌的果汁作為主要業務。

漢森企業沒有明星商品，連在美國境內的許多城市都沒有銷售通路。但是希爾頓與羅德尼希望將漢森轉型為注重市場行銷與品牌的公司，並捨棄類似可口可樂的自家製造的部分。早在 2001 年代理時期，他們就明確表示「公司正專注於行銷功能性碳酸飲料，特別是能量飲料」。

「當漢森能量飲剛推出時，確實很快受到歡迎，不過當紅牛上市後，漢森的銷售熱度立刻下滑，紅牛則蔚為流行。雖然

漢森飲品無人聞問，但也讓決策者早日學到經驗，並為未來做出更好的決定。」尤達報告如此寫道。

他們決定減少產量。在 1999 年與 2000 年，他們的產品目錄有點荒謬，尤達列出了幾項，

14 盎司玻璃瓶裝招牌蘇打水、8.2 盎司罐裝減重飲、13.5 盎司玻璃瓶冰砂、64 盎司塑膠瓶裝冰沙、11.5 盎司罐裝優質功能冰沙，這些都有授權品牌與商標，以及玻璃瓶裝 100％純果汁、8.45 盎司無菌包裝的兒童複合維生素飲料、20 盎司專有瓶裝『黃金標準』綠茶，能量棒、無轉型基因穀物等等！！

2002 年時，他們推出魔爪能量飲料（Monster Energy），並使其成為主打商品。2003 年兩人在線上法說會表示，「我們今年稍微減緩了新產品數目。」

「兩人非常懂得精明地策略如何推出新產品。」尤達在報告中寫道，「他們的 2002 年年度報告表示，『在開發新產品和口味方面，獨立供應商承擔了大部分的產品研發費用，這讓我們能夠以相對較低的成本開發新產品和口味。』」

由於魔爪飲料不進行內部產製，因此可將營運工廠的時間與精力，投入在為不同產品找到不同的包裝上。「他們強烈地相信品牌差異化才是勝出的解方。日後證明，包裝正是他們成功的關鍵一大要素。」尤達如此說。

如同先前提到的，8 盎司的漢森能量飲品一開始頗受歡迎，直到被紅牛搶去鋒頭為止。尤達在 2003 年第四季獲利電話法說會資料中，找到了關鍵問題的回應。那問題就是，投資者是否該期待魔爪飲料的成功再次上演？

管理階層回答：

首先，我認為我們在過去七年學到很多……當我們踏進能量飲品領域時，我們一開始就與紅牛對打。當時，以公司規模而言，我們沒有足夠人力與行銷資源，可以用來推廣品牌……事後看來，我們該投入更多資源。紅牛多年來為創建品牌，所耗費市場成本與其銷量根本不成正比。他們確實做得很好。（尤達有同樣的觀點。）

為了推出魔爪飲料，漢森沒有重蹈覆轍。請看 2002 年（魔爪飲料上市）後，他們在行銷與銷售業務的人力資源投入增幅：

	2001	2002	2003	2004	2005	2006
行銷與銷售業務人力	66	63	114	217	363	591

「他們非常注重促銷、行銷活動、行銷與業務人力。魔爪飲料與搖滾巨星（Rockstar）幾乎在同一時間進入 16 盎司的利基市場。兩公司都是此領域的早期開拓者，而魔爪飲料意識到

了這點，並抓住好時機。」尤達寫道

當然，漢森並不只將時間精力花在品牌建立、行銷與推出新產品上。他們也花了相當的資源專注於產品配銷，以及接觸消費者與取得零售商較有價值的貨架空間上。

「在早期，從多方面來講，我們可以將漢森視為某種智庫，他們嘗試用各種方法接觸消費者。針對豐盈果汁系列，他們選擇好市多合作。針對 E20 能量水，他們嘗試直接賣給零售業者。他們甚至以最低價參與婦女、嬰兒及兒童營養補充特別計畫（WIC program，類似糧食券），以取得提供該計畫零售商 100％摘採蘋果汁與混合果汁的專有權。」尤達如此形容。

婦女、嬰兒及兒童營養補充特別計畫讓漢森打進他們之前無法進入的雜貨店。換句話說，此舉讓漢森創造了品牌知名度。

當他們決定推出全新的能量飲系列「能量缺失」（Lost Energy）時，漢森決定再一次實驗。他們不走原本慣用的配銷路線，而是決定使用胡椒博士集團（Dr Pepper）與七喜的網路。

漢森也善用了自己的品牌認同，「他們的研究顯示，16 盎司能量飲的飲用者多為男性。」尤達寫道。這不意外，畢竟包裝是全黑罐裝，並有熊爪式的 M 字標記。「他們也發現不管是『無糖』或是『飲食控制』等字眼聽起來都太過女性化，假若

配上淺色、白色、銀色罐裝的話，這種感覺會更強烈。上述描述來自漢森的數據報告。因此推出飲食控制型魔爪飲料時，他們保持黑色罐身，並將 M 字標記改為藍色，稱之為低醣飲料（Lo-Carb）。一上市瞬間造成炫風。」

另一個聰明的點在於低醣魔爪飲料很好賣，畢竟原本的魔爪飲料就非常暢銷。他們發現，要為第二個產品搶到貨架空間的唯一可能就是首發產品的需求量極高。「如果沒有貨架空間，漢森員工只能滿腦子點子空坐在飲料倉庫而已。」尤達寫道。「魔爪低醣飲品一上市就備受喜愛，幾乎不太需要促銷宣傳。」

這都歸功於品牌建立，對飲料來說，品牌形象相當重要。而這點也快速反應在銷量成長上：

	2002年	2003年	2004年	2005年	2006年
銷售總額（千美元）	112,885	135,655	224,098	415,417	696,322
銷售淨額（千美元）	92,046	110,352	180,341	348,886	605,774
銷售淨額占總收入百分比	81.54%	81.35%	80.47%	83.98%	87.00%
毛利率	34.80%	39.70%	46.30%	52.30%	52.30%

「不過，還有更讓人興奮的地方，如果你的品牌已經開啟了流行風潮、成長、達到規模目標，成本將逐漸減少。」尤達繼續寫道。

上述資料有兩點值得注意：

1. 銷售淨額占總收入百分比提升。這代表魔爪飲料不再需要進行促銷（折扣），因為它已成為零售業者希望擁有的知名品牌。
2. 毛利率也有所成長，因為他們的合作包裝商與配銷夥伴開始把他們視為好客戶，並提供優惠，以延續合作關係。

「這是一顆非常有效的大力丸，能帶來股價的大幅上漲。」尤達說，「請看看額外利潤對公司淨利所帶來的影響。」

	2002 年	2003 年	2004 年	2005 年	2006 年
營業利益（千美元）	5,293	9,826	33,886	103,443	158,579
淨利（千美元）	3,029	5,930	20,387	62,775	97,949
每股盈餘	0.04	0.07	0.22	0.65	0.99
長期負債（千美元）	3,837	602	583	525	303
股東權益（千美元）	28,371	35,050	58,571	125,509	225,084
股東權益報酬率	10.68%	16.92%	34.81%	50.02%	43.52%

※ 最後一項是股東權益報酬率，代表淨利除以股東權益。

上表呈現了針對此個案所進行的所有金融分析的精華。我們可以看到銷售額、每股盈餘與股東權益報酬率大幅增加（我們會在第 6 章詳談股東權益報酬率）。假如百倍股有所謂的公

式，這就是黃金公式了。

你可以在 2004 年買進股票，載浮載沉，仍舊有 100 倍的回報。而且你無須進行上述嚴肅的金融分析。事實上，不做分析更好，因為很多金融精英都不贊成上述操作。但這容我隨後再談。

「當我們研究上表時，可以很輕易地察覺其經營品質。但為什麼沒辦法每個人都獲利呢？為什麼很多人都沒有跟上腳步呢？」尤達提問。

	2003 年第二季度	2003 年第三季度	2003 年第四季度	2004 年第一季度	2004 年第二季度
參與獲利電話法說會的分析師人數	1	1	3	4	8

如果你知道來龍去脈，你就該堅持下去，就算看起來很蠢，就算精英們潑你冷水，你也該堅持。

價值投資者俱樂部（Value Investors Club）是個備受關注的股票研究平臺，可說是股票精英的集散地。2005 年，一名不具名的平臺使用者看空漢森公司，不推薦該股。此使用者曾經連續贏得該平臺競賽三次，尤達深信，「這絕對是俱樂部有史以來最好的成績之一。」

這名看空漢森的人士來勢洶洶，可不是一般的泛泛之輩。

「該使用者的貼文普遍獲得這個資深投資者平臺群眾的認

同，一名投資者甚至回應：『沒有任何的策略性玩家會買漢森。漢森在這潮流市場內不但沒有品牌與分銷的優勢，很顯然地，還是個被高估的邊緣企業……』」該貼文作者撰文的當下，漢森股票分割後的調整股價是 6.31 美元。隨後漢森的交易價格再也沒低過這個價格，反而在十二個月內股價上升至 26 美元！」尤達如此敘述。

2012 年，漢森公司以著名產品作為公司名，改名為魔爪飲料。

儘管魔爪飲料向來有著高波動股票的名聲，但有趣的是，觀看歷史數據時，魔爪的股價一直都不昂貴。它的本益比從來沒有和成長率脫節。

年分	2005	2006	2007	2008	2009	2010	2011	2012	2013	2014
本益比	28x	30x	29x	30x	17x	23x	30x	28x	35x	39x
每股盈餘成長百分比	218%	60%	36%	-27%	99%	3%	34%	22%	5%	42%

魔爪飲料向我們展示了高銷售成長與建立品牌的重要，以及高銷售成長、高獲利率成長與高股東權益報酬率，如何成為有效組合。這顯示了你必須具有獨立思考的能力。市場上不乏精英分子看衰魔爪股。

但是魔爪股成功了，還贏得相當精彩。

亞馬遜

接下來這支股票似乎不需要太多介紹，那就是亞馬遜。

這間網路零售業巨獸的表現超越兩百倍股。我先前提過的分析師湯普森‧克拉克針對亞馬遜案例進行詳細的分析，他的發現將會讓你感到吃驚。他破解了造就亞馬遜如此優異的成功密碼。

亞馬遜是一上市你就應該買入的股票。1997 年 5 月，股票掛牌上路。拆股調整後的實際購買價格是每股 1.50 美元。「在該世紀結束前，你已經擁有了百倍股。」湯普森如此寫道，「股價在 1999 年 4 月飆升到 221 美元，報酬率相當優異，14,633％，也就是 146 倍股。」

但這樣的回報相當短暫，而且對我們的研究來說，並不「算數」，畢竟報告使用的是年終數據。至少亞馬遜十多年內未見如此高價。「和你想像的一樣，亞馬遜也沒能躲過網際網路泡沫的崩裂。」湯普森指出，「股價回落，並在 2001 年中跌到個位數。」

若以本研究的觀點看來，亞馬遜花了十三年才成為百倍股。2015 年 5 月時，你已經獲利 28,300％，換言之，亞馬遜成了 283 倍股。

那麼，亞馬遜是如何辦到的呢？

讓我們先談談貝佐斯（Jeff Bezos），因為在亞馬遜的案例

裡，我們有絕佳的掌舵手經營公司。貝佐斯現年五十一歲，並擁有 18% 的公司股分，他同時擔任執行長和董事會主席。

「我們也沒有發現貝佐斯會離開亞馬遜的跡象。」湯普森寫道，「2014 年在《商業內幕》（*Business Insider*）的採訪中，或許是受到巴菲特的啟發，貝佐斯說，『我仍然會跑步去上班。』」他真的熱愛自己的工作。

貝佐斯開始經營亞馬遜時，只有三十歲。他曾為投資管理公司德劭基金（De Shaw）工作。更重要的，他和比爾・蓋茲不一樣，他不是工程師。湯普森寫道，「從很多方面看來，他都非常華爾街。」

「他對兩件事了然於心，他了解公司的價值在於未來自由現金流的折現總和。他也知道資本分配與投入資本回報的重要性。」湯普森觀察後如此說。

如我們所見，（我們接下來也會一再提到），後者對百倍股而言分外重要。湯普森整理了一些關於貝佐斯優異思考方式的證據，並特別標記關鍵字：

- 1999 年貝佐斯致股東信：「我之前概述的每一個目標都有助於我們建立最佳、利潤最高、**投入資本回報率最高**的持久特許經營權。」
- 在 1997 年貝佐斯第一封致股東信：「市場領先地位可以直接轉化為更高的營收、更高的盈利能力、更快的資

本周轉率，以及相應**更高的投入資本回報率。我們的決定始終反映了此一重點。」**

他始終聚焦於長期性的追求。湯普森補充道，「每一年，他都會在當年度的股東信件結尾收錄 1997 年股東信。他最強調的一點是，一切都是為了長期目標。」

確實，我們現在都知道亞馬遜主導網路零售領域。問題是，在亞馬遜成為百大企業之前，你能否根據基本面，得到買入亞馬遜股票的合理論據？

湯普森的立場非常肯定。我也同意他的觀點。

在我開始討論以前，我希望先觀察宏觀面。湯普森分享了一張我認為非常重要的圖表，這張圖表讓我思索了數分鐘，我的腦海裡浮現數種可能。請參閱下頁圖，該圖表顯示了電子商務在美國零售總額占比中的成長情況。

這在現在看來，似乎不是什麼新消息，但是對於在 1998 年或 2002 年的人來說，是否真的很難想像到電商在未來會占據零售總額 2％以上？看到這裡，我很納悶當時的自己腦子到底在想什麼。（儘管我是亞馬遜的重度使用者，但是我從未買過亞馬遜股票。）

令人難以置信的是，即使在今天，美國零售總額中也只有 9％的銷售是透過網路進行的。亞馬遜可說是從零開始。現在，要想像電商在未來會占據零售總額 35％，甚至是 50％，

電商市場在美國零售總額占比變化（1998 年至 2014 年）

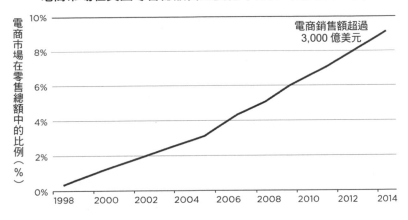

還會牽強嗎？或許這個百倍股還有很長的一段路要走。

不過，讓我們回到湯普森的分析……

「首先，讓我們釐清對亞馬遜的錯誤印象。普遍觀點認為亞馬遜不賺錢。這是真的嗎？當然不是。」湯普森寫道。

讓我們回想 1997 年貝佐斯第一封致股東信。他強調投入資本回報率和對未來的投資。亞馬遜實踐的方式就是在研發上投入大量資金——這也是一種投資形式。

「順帶一提，我瀏覽了亞馬遜的歷史表現，成績相當輝煌亮眼。自 1997 年以來，銷售額以超過 40％的年複合成長率上升。」湯普森接著說。

所以，我們再一次看到最重要的勝負關鍵：成長率、成長率、成長率！

「亞馬遜的營業利益看起來並沒有獲利。」湯普森繼續寫道,「2014 年亞馬遜銷售額 880 億美元,營業利益只有 1.78 億美元。營業利益率僅有 0.2%。」

「然而,如果把研發成本納入考量,答案將會截然不同。2014 年,亞馬遜的研發成本為 92 億美元。若把這筆研發資金加上營業利益,2014 年亞馬遜調整後營業利益是 94 億美元。營業利益率是 10.6%。」

「太令人印象深刻了。更厲害的是,如此的趨勢歷久不衰。」

湯普森建立了下一頁的圖表。

把研發經費加入聽起來有點瘋狂,不過重點是讓我們思考將研發視為投資的一部分。(會計領域向來對研發成本的定位爭論不休。研發經費是否與銷售額相抵觸?或者它應該像其他財產一樣在資產負債表上資本化,並隨著時間的推移折舊或攤銷?)

	1996年	1997年	1998年	1999年	2000年	2001年	2002年
銷售額（百萬美元） 成長率（%）	$15.75	$148 838.06%	$609 312.30%	$1,639 189.13%	$2,761 68.45%	$3,122 13.07%	$3,933 25.98%
營業利益（百萬美元） 營業利益率（%）	-6 -38.10%	-32 -21.66%	-109 -17.90%	-605 -36.91%	-863 -31.26%	-412 -13.20%	64 1.63%
加入：研發費用 調整後的 EBIT（百萬美元） 調整後的營業利益率（%）	2 -4 -25.40%	13 -19 -12.86%	46 -63 -10.34%	159 -446 -27.21%	269 -594 -21.51%	241 -171 -5.46%	215 279 -7.09%

*EBIT (Earnings Before Interest and Taxes)，稅前息前利潤，指的是公司未扣除所得稅、利息費用前的盈餘。

	2003年	2004年	2005年	2006年	2007年	2008年	2009年
銷售額（百萬美元） 成長率（%）	$5,264 33.84%	$6,921 31.48%	$8,490 22.87%	$10,711 26.18%	$14,835 38.50%	$19,166 29.19%	$24,509 27.88%
營業利益（百萬美元） 營業利益率（%）	270 5.13%	440 6.36%	432 5.09%	389 3.63%	655 4.42%	842 4.39%	1129 4.61%
加入：研發費用 調整後的 EBIT（百萬美元） 調整後的營業利益率（%）	257 527 10.01%	263 723 10.45%	451 883 10.40%	662 10.51 9.81%	818 1473 9.93%	1033 1875 9.78%	1240 2369 9.67%

	2010年	2011年	2012年	2013年	2014年
銷售額（百萬美元） 成長率（%）	$34,384 40.29%	$48,077 39.82%	$61,093 27.07%	$74,452 21.87%	$88,968 19.52%
營業利益（百萬美元） 營業利益率（%）	1406 4.09%	862 1.79%	676 1.11%	745 1.00%	178 0.20%
加入：研發費用 調整後的 EBIT（百萬美元） 調整後的營業利益率（%）	1734 3140 9.13%	2909 3771 7.81%	4564 5240 8.58%	6585 7310 9.82%	9275 9453 10.62%

以較長遠的眼光看來，如果貝佐斯如此期望的話，亞馬遜絕對可獲利。湯普森寫道，「如果他想要亞馬遜看起來獲利，那絕對是可以的。但他並不想這樣做。那些有興趣的外行人會

因為亞馬遜股票看起來毫無獲利的可能而放棄。但是如果你把研發費用拿掉，把它放在資本支出以外，你就會看到它非常有利可圖。」

他認為正確的做法是，你必須在一定時間內攤銷這些研發成本，就像公司攤銷設備成本一樣。研發的某些部分對於亞馬遜的發展至關重要，但是成長也對創造未來的銷售有所助益。「成長和維持研發之間的平衡是什麼？」湯普森問道，「不確定，但這是一個重要的問題，值得討論。」

為了練習，讓我們將研發視作亞馬遜為發展其業務而進行的一項投資。正如湯普森所指出的，自 2003 年以來，不包括研發在內的營業利益率幾乎正好是 10%。「那麼，精明的基本面投資者是否會站在亞馬遜的這一邊？」湯普森問道。「當然。」答案是肯定的。

讓我們來回顧 2003 年初期：

- 股價 21.94 美元
- 企業價值 83 億美元
- 2002 年銷售額 39 億美元
- 2002 年稅前息前利潤（EBIT）排除研發費用＝ 2.79 億美元
- 2002 年調整後營業利益率＝ 7%
- EV/EBIT ＝ 33，相當陡峭的倍數表現

湯普森補充，「在當時，美國仰賴網路營運的企業占很小部分。而網路零售業更是星羅可數。換句話說，這代表成長空間很大，前景可期。（請見第 85 頁圖表）」

「假設你預計每年的銷售額增長 30％，2005 年銷售目標是 76 億美元。維持 10％的利潤率，與除去研發費用的稅前息前利潤的趨勢一致。你將以 2005 年不計研發費用的營業利益 10 倍價值購買亞馬遜股票。這是一個相當保守的倍數。」湯普森繼續分析。

我想在這停一下，畢竟能有這樣的想法真的很不容易，不過我們確實應當如此設想。

「隨著獲利增長，股價也在上漲，2006 年 2 月時，你投資的 21.94 美元投資已升至 43.92 美元。三年內翻了一倍，年複合成長率 26％。同一時期，你輾壓標普 500 指數，該指數以 50％或每年 14.3％的速度上漲了一半。」湯普森說。

「2006 年開始你已經進入長線了。如果你可以持有股票至 2015 年 5 月，你會有 15 倍股，或是 26％的年複合報酬率。總之，這表現令人心情振奮。」

要想在亞馬遜身上淨賺百倍報酬並不容易。你必須從最初就擁有堅定信念，認定它會成功。你還得經歷過風暴般的大幅下跌，仍保持屹立不搖，就算股票價值已經折損 80％以上。

不過你仍有許多低價買進的機會，即便無法成長至百倍股，但也可輕鬆成為五十倍股。而且亞馬遜的成長不會停在這

裡，還沒完呢。

　　你必須相信貝佐斯，並對他的想法充分信任。如果他想要，當然可以砍掉研發費用，那麼亞馬遜就會擁有大筆現金。但是相反的，他將現金用作投資，並創造新的成長。

　　湯普森如此總結：

　　如果你相信貝佐斯，就可以接受這家公司營業利益率極低的事實。2014 年，營業利益率為 0.20％。然而，加入研發費用，調整後的營業利益率上升到 10％。前述的表中展示了如此趨勢的一致性。

　　要以亞馬遜作為基本案例操作百倍股無疑十分困難。你能做的最好方法是，在首次公開發行時就買入，並看準零售銷售額的成長。你的論據只有兩個，那就是關於電子商務的圖表，以及對貝佐斯的完全信任。

　　我以 2003 年 2 月作為基礎案例，你可能會因為歷史數據與保守估計，而買入亞馬遜。持有到 2014 年，這將為你帶來 15 倍的收益，或是在 2014 年實現 26％ 的複利回報。

　　湯普森堅持抱守這個觀點，並認為就算是今天，亞馬遜依然值得投資。我會在下頁圖表分享他的分析。基於今日的價格，他認為未來三年內將有 127％ 的回報，或是實現 31％ 的年複合報酬率。

2015 年 5 月 28 日股價（美元）	$427
企業價值（百萬美元）	$196,807
2014 年成果 銷售額（百萬美元） 調整後的營業利益（百萬美元） 調整後的營業利益率	$88,988 $9,453 11%
假設： 銷售額以每年 20% 的速度增長 調整後的營業利益率達 15%	
銷售額（百萬美元） 營業利益率 EBIT（百萬美元） **2017 年 EV/EBIT**	$153,771 15% $23065.6 **8.5%**
2017 估值 調整後的 EBIT（百萬美元） 倍數 公平價值（百萬美元） 流通股數（百萬股） 每股公平價值（美元） 今日股價（美元） **上漲空間** 週期數（年） 年複合成長率	**$23,066** 20 $461,313 476 $969 $427 **127%** 3 31%

　　「最重要的關鍵點是，資本回報極其重要。如果一家公司可以繼續以高回報率進行再投資，股票（和盈餘）就會產生複利，讓你獲得拋物線效應的成長。」湯普森總結。

　　後面我們將會一再重申這個論點。

接下來，我還有幾個案例想與你分享，雖然數據較不完整，但也可補充說明百倍股的基本特質：你必須有漫長的成長發展期。我之前提過的分析師亞歷杭德羅‧洛佩斯‧德哈羅為相關案例準備了數據資料。

美商藝電（Electronic Arts）

美籍創業者特里普‧霍金斯（Trip Hawkins）在 1982 年離開蘋果電腦，當時他擔任策略與行銷總監；隨後於加州紅木城創立美商藝電，負責製作與發行電玩遊戲。

美商藝電只花了十四年就成為百倍股。它在 2004 年達標，並持續成長。亞歷杭德羅如此分析美商藝電。

「當時電玩產業還很年輕（僅有四十年左右的歷史），市場相當競爭。」亞歷杭德羅寫道，「這個價值數十億美元的行業的創始者開始步顯蹣跚、顯現出搖搖欲墜之態，並被新加入的參與者超越。」

他指出，該領域的早期拓荒者如雅達利（Atari）與 Sega 已不如往日那樣主導遊戲產業。即便是任天堂，面對新玩家，也失去了一些曾經的競爭優勢。

「索尼（PlayStation）和微軟（Xbox）成為遊戲機市場的主導者，但他們面臨的是，來自非控制器路線的遊戲開發商日益激烈的競爭。後者通過網際網路或應用程式直接面向消費者。」亞歷杭德羅分析。

他接著說明，「然而，分析美國電子遊戲開發商美商藝電公司，以及其通往百倍股的道路仍舊非常有趣。美商藝電的成功提供了在面對技術的不確定性和消費者變化無常的品味時，該如何取得成功的好例子。」

美商藝電的成功在於取得一次又一次的高峰，藉由取得關鍵性且有價值的特許經營權，將競爭者排除在外。

首先，你可以從該公司不穩定的獲利能力中看到電玩產業的不可預測性。隨著遊戲的成功和失敗，以及新遊戲或更新版本的發布，淨利率和資產報酬率（ROA）每年的變化幅度相當大（請見下頁圖）。

「美商藝電和現在多數的科技公司不同，它最關注的是淨利。美商藝電早期用來保護利潤的例子之一是避免與現有的配銷商夥伴合作。相反的，他們選擇直接跟零售商打交道，以得到更好的利潤。」亞歷杭德羅寫道。

美商藝電還實驗了多種包裝方式。舉例來說，1980 年初期，美商藝電用包裝唱片的方式包裝遊戲，好比戰略遊戲《M.U.L.E》和《彈珠球創建器》（Pinball Construction Set）。「用這種獨特手法來包裝是美商藝電首創，因為唱片風格的包裝可以節省不少成本。」亞歷杭德羅指出。

美商藝電也致力於開發適用各種遊戲機的遊戲，因此避開了昂貴而競爭激烈的遊戲機硬體大戰。至今，美商藝電的執行高層仍然視當初的策略為今日企業成功的基礎。

美商藝電的利潤波動

日期	淨利率	資產報酬率
1990/12/31	8.5%	13.2%
1991/12/31	10%	17.5%
1992/12/31	10.6%	17.3%
1993/12/31	10.6%	17.2%
1994/12/31	11%	156%
1995/12/31	8.7%	10.7%
1996/12/31	76%	8.5%
1997/12/31	7.9%	8.7%
1998/12/31	5.8%	7%
1999/12/31	9.6%	11.5%
2000/12/31	0.8%	0.8%
2001/12/31	2.3%	2.1%
2002/12/31	14.2%	14.4%
2003/12/31	17.6%	14.9%
2004/12/31	18.5%	13.2%
2005/12/31	9%	6%
2006/12/31	2.7%	1.7%

　　不管從什麼角度來看，美商藝電都走對了路。1990 年，銷售額只有 9,600 萬美元。到了 2004 年，銷售額已經來到 31 億美元，成長 32 倍。市場對銷售額的倍數（市銷率，或稱股價營收比）也呈爆炸式增長 —— 從 1990 年的 2.7 倍增加到

2004 年的 13 倍。

公司獲利也快速暴漲。1990 年的總獲利只有 800 萬美元。到 2004 年，總獲利成長至 5.86 億美元。這是 73 倍的增長，本益比從大約 12 攀升至 32。

要有如此耀眼的成績，美商藝電靠的恐怕不只是包裝設計與通用於所有遊戲機的遊戲。它必須創造人人都想要玩的遊戲。

「美商藝電正如其名，他們想要用非常藝術性格的方式推廣自己的遊戲。」亞歷杭德羅指出，「他們的美感直逼好萊塢等級，甚至有些人認為公司名稱正是受傳奇性的聯藝電影（United Artists）啟發。」

美商藝電給予遊戲開發者巨星般的對待，並將作品創作的榮耀歸功於遊戲開發者。亞歷杭德羅認為，「他們不僅透過經濟方式給予回饋激勵，同時還啟動公關活動為遊戲創作者慶祝。」他繼續說明，「1980 年代的唱片封面包裝方式，也暗示了遊戲開發者不僅僅是科技宅宅，更是能創造出十足畫面感的設計者。種種注重品質的手法讓美商藝電造就出一些絕佳的一流遊戲。」

這在體育遊戲領域特別明顯，因為美商藝電的特許經營權基本上無可比擬。我在 1980 年代長大，到現在我仍然記得他們的宣傳標語：「美商藝電運動系列——盡在遊戲中！」以及，當時我們在大學時期是如何不眠不休地沉迷《勁爆美式足球》

（Madden Football）。

亞歷杭德羅寫道，「美商藝電遊戲中的真實感大幅超越同領域的其他遊戲商。這讓他們擁有了一些為職業聯賽以及球員開發遊戲的獨家授權。自 1980 年代末期至 1990 年代初期，《勁爆美式足球》（Madden NFL）、《勁爆美國職籃》（NBA Live）、《國際足盟大賽》（FIFA）、《職業冰球聯盟》（NHL）與高爾夫遊戲《PGA 巡迴賽》（PGA），都是美商藝電旗下推出系列遊戲。其中最成功的遊戲《國際足盟大賽》更在 2010 年突破 1 億份銷售量。」

美商藝電也有其他系列遊戲：《模擬城市》（SimCity）、《戰地風雲》（Battlefield）和《急速快感》（Need for Speed）系列。「擁有如此多著名的系列遊戲，正是美商藝電自創始以來不斷成長的原因。」亞歷杭德羅總結。

美商藝電的成功令人讚嘆並值得深思。它所處的產業看似變化無常，但是該企業卻創造出能夠孕育出最好遊戲的贏家文化。不管是美商藝電，或是其他百倍股，都有著同樣的特質，那就是銷售數字的爆炸性成長。此外，儘管美商藝電的盈利與淨利率並不穩定，但仍屬健康狀態。

也因此你必須對企業有十足信心，並對前景感到樂觀，這也是抱有百倍股的必須態度之一。

康卡斯特（Comcast）

洛夫・羅伯茨（Ralph Roberts）將一家密西西比的小型有線電視公司轉型為我們今日所熟知的產業巨擎康卡斯特。他的故事可追溯至 1960 年代。根據《華爾街日報》刊登的羅伯茨（他於 2015 年 6 月去世）訃告：

在那個年代，有線電視是個只提供社區天線和電纜的小生意。在一個機緣下，羅伯茨認識了一位有線電視公司的業主，對方正在找人接手南方有線電視分銷商業務。羅伯茨看中了其中商機，並在 1963 年進行生平第一次收購，也就是密西西比圖珀洛（Tupelo）有線電視公司，該公司為一千兩百位當地居民提供電視訊號。

自 1972 年該公司股票在那斯達克交易所（NASDAQ）上市後，已經成長了 1,000 倍。在此罕見的案例，我們有絕佳的創始者兼執行長洛夫・羅伯茨。接著我們看到了他的第四個兒子布萊恩・羅伯茨（Brian Roberts）於 1990 年成為總裁，並在 2002 年成為執行長，以優異的能力接下老羅伯茨的位置。

為了研究，讓我們從 1981 年的低谷開始。自此之後的十八年，這間公司實踐了百倍回報歷程，股價飆升百倍。

康卡斯特的案例相當有趣，因為如同亞馬遜的例子，我們

看不到穩定的盈餘成長。事實上，由於康卡斯特投入大量資金在網絡系統建構，導致財報上時常出現虧損。

你必須忽視報告數據，才能理解其訂戶網絡的價值。這些忠誠的訂戶每個月、每一年按時付費，成為了康卡斯特投資金流的重要支撐來源。

雖然你看不見盈餘，但是訂戶人數與銷售額不斷攀升。

「在 1980 年與 1990 年代，康卡斯特透過多項併購，一路穩健成長。」亞歷杭德羅寫道，「舉例來說，1986 年，康卡斯特買下西屋廣播公司（Group W，也稱 W 集團）26％的股分後，其訂戶人數翻倍，成長至一百萬戶。1994 年，在他們收購馬克蘭杭特（Maclean-Hunter）的美國分部後，其訂戶總數達到三百五十萬戶，並成為全美第三大服務商。」

康卡斯特繼續成長。1995 年，以 15.75 億美元的價格收購史立普斯公司（E. W. Scripps Co）。該公司旗下擁有有線電視收視戶，這使得康卡斯特的總訂戶數上升到四百三十萬戶。

「康卡斯特也開始進行多樣化商業投資。」亞歷杭德羅寫道。該公司在 1995 年以 21 億美元收購家庭購物電視網絡公司QVC。

接下來，康卡斯特打入手機與網路領域，成為競爭者之一。「首先他們在 1988 年以 2.3 億美元買下提供區域性移動通訊服務的美國行動網路公司（American Cellular Network Corporation）。」亞歷杭德羅寫道，「接下來，他們在 1996 年

推出 @HomeNetwork 品牌，提供網路服務。」

上述的種種努力，促使微軟在 1997 年對康卡斯特投入 10 億美元的投資。「康卡斯特結合了有線電視、節目與電信的綜合服務，並提供了連結個人電腦與電視的願景。今日的投資將關注在加強寬頻網路和內容的整合，以擴大向消費者提供的服務。」微軟創始人比爾・蓋茲在當時的新聞稿中如此表示。

收購的腳步並沒有停下。有兩件大型收購案值得注意，其一是 2001 年 AT&T 有線電視系統，其二則是 2011 年 NBC 環球集團（NBCUniversal）。

康卡斯特佈下的網絡也成為網際網路的關鍵高速公路，這進一步推動了長遠的發展。由下頁圖所示，觀察康卡斯特進入 1990 年代末和 2000 年代初期的表現，可以看出該公司銷售額開始進入確實的成長趨勢。

有趣的是，這才是故事剛剛開始而已。隨著康卡斯特繼續擴張和收購公司，與 2001 年相比，銷售額已經增長 6 倍以上。

「在此期間的重大收購案包括：AT&T 寬頻（AT&T Broadband）、阿德爾菲亞通訊（Adelphia，與時代華納有線電視對分），以及 NBC 環球集團 51％的股分。」亞歷杭德羅寫道。

2000 年股市泡沫崩盤時，投資者不得不熬過一段慘痛的下跌。當時康卡斯特的股價從頂點開始崩跌，並在 2002 年墜

康卡斯特銷售額的成長

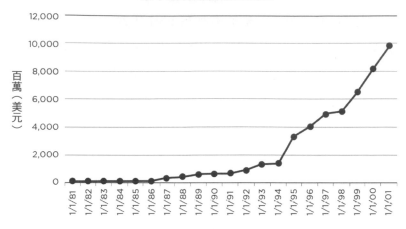

落到股價折半的低谷。不過很快地,它又再次振作,重返競爭的行列。

如果投資者能夠堅持下去,就可以在 2014 年得到 188 倍股。這個案例的年數不長,但也再一次地提醒了銷售額成長的力道,以及能夠忽視年度報告淨利的數據,並且掌握真實動態之能力的重要。

要擁有百倍股,需要遠見和堅韌性,並且對一個在數字上尚未明朗的想法抱有堅定信念。

百事公司

百事可能是你比較想像得到的百倍股。它的事業相當單純、利潤豐厚,並且在廣大市場內持續成長。

不管是菲爾普斯或我，我們都將百事列在百倍股研究清單裡。在菲爾普斯的書裡，故事開始於Loft糖果公司（Loft Inc.）收購了百事可樂，並在1941年重新命名（這裡面有許多有趣的小故事，但我怕繞得太遠了；不過有件事值得一提，百事可樂曾經兩度宣告破產，分別是1923年與1931年）。根據菲爾普斯的說法，如果你在1938年買入百事可樂的股票，你的成本基礎是每股75美分。該股在1971年價值是427美元，等同在三十三年內成為569倍股。

　　在我們的研究裡，故事得從1962年說起。「自1962年開始，這家總部位於紐約的軟性飲料和零食巨頭花了二十八年半的時間，達到百倍股的地位。」亞歷杭德羅寫道，「事實上，自1962年至1980年代晚期，其實我們看不見任何百事公司能夠成為百倍股的跡象。」

　　但是，接下來百事公司大幅擴張國際事業版圖。1985年，百事公司在近一百五十個國家進行銷售業務，「這其中包含了同年打開大門的中國，還有早十年開放的蘇聯。這兩個新興市場為百事公司帶來了接下來數十年豐厚的利潤。」亞歷杭德羅說。

　　於此同時，百事持續推出新產品，並且擴張其零食版圖。亞歷杭德羅表示，「1982年，百事公司推出果汁汽水品牌，在蘇打水中加入極小量的果汁。這創造了全新的市場，並促使百事公司擴大在飲品市場的占有率。」

1986 年，百事進軍連鎖速食店，看中了肯德基與塔可鐘（Taco Bell）。1989 年，百事公司收購了英國的休閒食品公司步行者薯片（Walkers Crisps）和史密斯薯片（Smith Crisps），取得英國休閒食品的領先地位。

根據亞歷杭德羅的報告，百事持續打進國際版圖：

- 1990 年，百事與蘇聯簽下該企業有史以來最龐大的商業貿易協議。同年，百事公司取得墨西哥最大餅乾公司加米薩（Gamesa）的控制股權。
- 1994 年，百事打入越南市場，並成為率先進入越南製造與分銷軟性飲料的大型飲料公司。不僅如此，還與星巴克締結夥伴關係，在美國市場提供咖啡飲品。
- 1998 年，百事與委內瑞拉極地公司（Empresas Polar SA）簽訂聯合協議，成為拉丁美洲最大的零食薯片經銷商。這筆交易是 1995 年將樂事產品推向全球二十個市場的計畫的一部分。

百事公司的收購名單仍在持續進行，包括 1997 年水菲娜（Aquafina）與 1998 年純品康納（Tropicana）。

以數字來看，我對兩件事相當感興趣。首先，百事維持 57％以上的高毛利率。我們接下來在第 12 章會討論到，這正是百事具有競爭優勢的關鍵因素。

再來，正如我們所期望的，隨著時間的推移，百事的銷售額和利潤增長相當顯著。1962 年銷售額是 1.92 億美元，到了 2014 年，銷售額已經超過 640 億美元了。這還不包括百勝集團（YUM Brands）的最後分拆。同樣的，淨收益從 1,500 萬美元上升至 60 億美元。

在我們研究的時間範圍內，百事公司搖身成了夢幻的千倍股。

吉列（Gillette）

吉列花了近三十二年成為百倍股。

大家都知道吉列生產刮鬍刀。「吉列在過去十年來是寶僑旗下品牌，據估計，吉列占據了 70%的刮鬍刀市場。」亞歷杭德羅寫道。

吉列成立於 1901 年，初期表現相當成功。有趣的是，菲爾普斯也曾在書中討論這家公司。1943 年至 1971 年之間，其股票實踐了百倍成長。1943 年股價僅有 4.75 美元，1971 年已經上漲到 364 美元。「1962 年 7 月份的《財富》雜誌將其列為美國獲利前三大的企業。」亞歷杭德羅進一步說明。

「在我研究百倍股的過程中，我認為，企業擁有持續成長的抱負正是這群贏家共有的關鍵特質。」他從吉列企業的歷史觀察出此項特質。吉列一直投注心力擴展市場版圖，並推出新產品。亞歷杭德羅還發現，吉列對科技的應用也是一大重點：

他們之所以能表現如此優異，關鍵在於他們懂得運用對科技的了解進行新產品的開發與行銷，以此持續有效地成長。縱觀吉列企業的歷史，歷任執行團隊都充分展現出對新科技的理解，這使吉列擁有更優異的競爭實力與優勢。如同達爾文描述的，「能夠生存下來的，不是最強大或最聰明的人，而是最能適應改變的人。」

　　舉例來說，吉列是最早一批接受電視廣告行銷的公司。

　　「1944 年，當時檯面上幾乎所有品牌都忽視了電視，但吉列的執行團隊卻決定放手一搏。」亞歷杭德羅寫道。結果，此舉大幅加強了吉列品牌的可見度。吉列不只是花錢廣告，還使用資料數據追蹤銷售數字的變化。最終，吉列發現這個決策確實在最初前幾年帶來了爆炸性的銷售成長。

　　「另一個吉列受益於新技術的策略，則是他們對刀片品質改進的持續堅持。即便當下沒有任何競爭者的產品有可能奪取他們的市占率，吉列仍然堅持繼續這麼做。」亞歷杭德羅接續說明。

　　吉列的部分動機在於，他們發現忠實消費者會願意多花一點錢購買比現有產品更優質的選項。亞歷杭德羅引用了 2001 年吉列的男士修容部門主管彼得・考夫曼（Peter K. Hoffman）的說法，「歷史顯示，市場中有部分消費者對我們的新創意相當感興趣。」吉列很早就認知到此一事實。

結果證明了，這種對研發面的重視，是競爭對手難以跨越的護城河——即使吉列不是第一個進入此市場的企業，但絕對有足夠的實力使用專利組合來削減競爭對手的鋒利度。

　　亞歷杭德羅接著分析，

　　舉例來說，1962 年，倫敦的小威爾金森劍公司（Tiny Wilkinson Sword）推出了一系列不鏽鋼塗層刀片，並大受歡迎。使用者宣稱使用小威爾金森劍出產的刀片刮鬍子大約可以刮十二次，而當時吉列的碳鋼刀片只能使用約三、四次。

　　小威爾金森劍的產品大有可能會影響吉列的市占率。但是，最終吉列研究團隊比對手更早取得不鏽鋼刀片的專利權。因此，每當小威爾金森劍販售不鏽鋼刀產品時，都必須給付吉列權利金。這讓小威爾金森劍大受挫敗。

　　在小威爾金森劍造成不鏽鋼刀旋風的一年後，吉列在1963 年也推出了自己的不鏽鋼刀片，而且定價低於小威爾金森劍與其他美商對手。如此一來，吉列再次奪回主導市場的優勢，並在數年後再度推出了稍作改良的新產品。

　　吉列的事業看起來一帆風順。不過呢……

　　如果觀察吉列起步的前幾十年，你看不見任何百倍股跡象。事實上，在頭二十年間，股價幾乎沒有什麼起色。股價漲幅大約 40％。僅此而已。

如果你將所有的股息拿去再投資，那麼每投資 100 美元，你會得到大約 340 美元。這或許還不錯，但以投資二十年的光景看來，似乎有點勉勉強強。在此，年化報酬率約 6.5％，可說是龜速。請回想一下，即便有 10％的年化報酬率，要成長為百倍股，也需要四十八年的時間。吉列的速度還僅有三分之二而已。

亞歷杭德羅指出，「儘管在此期間其淨收益持續增長，成長了 3.5 倍。但部分原因在於估值。吉列沒有得到『雙引擎』的好處。獲利成長，但這些收益的乘數實際上卻收縮了。1962 年時，它的本益比大約是 20 倍，但二十年後，該股票的本益比卻僅有 10 倍。」

但部分原因也在於吉列的淨利率下降和資產報酬率下降，請見下頁圖。

時間	淨利率	資產報酬率
1962/12/31	16.4%	23.8%
1963/12/31	14%	23.2%
1964/12/31	12.6%	18.6%
1965/12/31	12.5%	19.4%
1966/12/31	12.6%	20.6%
1967/12/31	13.2%	16.2%
1968/12/31	11.3%	15.4%
1969/12/31	10.8%	14.7%
1970/12/31	9.9%	13%
1971/12/31	8.6%	11.2%
1972/12/31	8.7%	11%
1973/12/31	8.1%	10.7%
1974/12/31	7%	8.8%
1975/12/31	5.7%	7.8%
1976/12/31	5.2%	7.2%
1977/12/31	5%	6.7%
1978/12/31	5.5%	7.3%
1979/12/31	5.6%	7.2%
1980/12/31	5.4%	7.3%
1981/12/31	5.4%	7%
1982/12/31	6%	8%
1983/12/31	6.7%	8.6%

換句話說，要產生 1 美元的利潤，需要越來越多的銷售額和越來越多的資產。吉列的股東權益報酬率也有所下降（這個重要指標在第 6 章會討論）。1962 年每投資 1 美元，報酬率是 31％，但到了 1982 年，報酬率只有 18％。

儘管擁有多項優勢，但是吉列的事業顯然不如 1962 年那麼風光了。其中的原因有很多。

亞歷杭德羅說明，「很多時候，吉列為了提高競爭力，必須拉低售價。就如同他們與小威爾金森劍競爭時做的一樣。此外，隨著全球和國內的新產品持續推出，研發費用也跟著不斷上升，這需要大量資金投入。」

只有當吉列扭轉這些不利趨勢時，才算是真正開始真正進軍百倍股俱樂部。這時估值也見底了。從 1964 年到 1995 年年中，吉列邁入百倍股期間，該股票的本益比達 28。同時間，銷售額和盈利也加快增長速度。在接下來的十五年，銷售額自 1982 年以來每年成長近 11％。利潤成長率更快，同期成長大約 15％。

毫無疑問，與 1970 年代相比，更健康的經濟環境讓 1980 年代和 1990 年代的企業表現更好。即便如此，這些事情是不可預測的，這就是為什麼我（以及菲爾普斯和其他人）建議你不要費心去嘗試預測經濟。我將在後面的章節對此重點著墨更多。

吉列的案例再度證明了我們一再提及的觀察重點，那就是

成長的重要。在此，吉列的成長恐怕比亞馬遜或康卡斯特都來得更明顯。這間公司一直保持較高的淨利率，而且不管在資產或股東權益方面，其收益與回報都更為豐厚。

吉列的案例也證明了，隨著本益比倍數由低升高，估值也會有大幅變化。

話雖如此，我們更樂意為成長速度快、投資報酬率高的事業（例如魔爪飲料）付出合理的價格，而非為平庸的事業買單。用簡單的數學就可以證明這道理。彼得‧林區在《彼得林區選股戰略》（*One Up on Wall Street*）寫道：

如果條件差不多，本益比和成長率之間的關係也很合理，那麼本益比 20 倍／成長率 20％的股票，會比本益比 10 倍／成長率 10％的股票要好。這聽起來可能有點深奧，但如果了解盈餘快速成長，將會推動股價上漲，便會知道它的重要性了。

為了幫助你更好了解上述說明，請見下頁圖表：

	公司 A （盈餘成長率 20%）	公司 B （盈餘成長率 10%）
基準年	$1.00	$1.00
1	$1.20	$1.10
2	$1.44	$1.21
3	$1.73	$1.33
4	$2.07	$1.46
5	$2.49	$1.61
7	$3.58	$1.95
10	$6.19	$2.59

　　如你所見，在五、七和十年後，高度成長股最終會有著截然不同的表現。如果兩支股票都維持本益比不變，公司 A 股價會來到 123.80 美元，投資人會得到五倍股。公司 B 賣價只會漲到 25.90 美元，投資人可以得到兩倍股。即便公司 A 股票的本益比從 20 掉至 10，你仍然會得到不少報酬，等同三倍股。

　　正如菲爾普斯的提醒，「好股票不會沒有朋友。」當然，通常好股票也不便宜。所以，不要因為初始倍數太高，而放棄購入好股票的機會。

你要看出數字下的百倍股模式

這樣的分析可以沒完沒了下去。我們當然可以為 365 支百倍股逐一進行個股分析。這樣讀者應該會崩潰吧。因此,接下來我不會再花太多時間在個案上。

到現在為止,我們討論了不同類型的百倍股。我們也可見基本模式已經慢慢浮現,在本書結尾我會再次繼續討論這個主題。

我想再一次強調,在此,我不會過分重視數據分析法。我確實考慮過給你更多百倍股的典型數值。但是,這和把俄亥俄州哥倫布市的平均房價丟給你沒兩樣,這種數值沒有太多用處,因為你還得考慮住宅區物件、商業區物件與工業區物件的差異。樣本數差異實在太過龐大,數字就不具指標意義了。這點在百倍股的世界也是一樣的。

在接下來的幾章,我希望你可以進一步了解這些贏家好股的幾項特質。

06
百倍股的致勝關鍵
The Key to 100-Baggers

　　如果一家企業在二十年或三十年間能以資本賺到 18％的
報酬，就算你付出看上去很昂貴的價格，最終也會獲得不錯的
投資成果。

——查理·蒙格（Charlie Munger）

　　丹維爾肯特資產管理公司（Donville Kent Asset Management）
的傑森·丹維爾（Jason Donville）提出了一個有趣的假設。

　　他認為，假設你十五年前投資了一檔基金，當時基金經理
從桌上拿了一份報酬預估表給你，並在表格旁備注了「優渥的
回報」。起初，你可能以為自己遇到了另一個伯納·馬多夫
（Bernie Madoff），畢竟馬多夫也長期向投資者提供極其穩定

的回報數字——藉由捏造數據。

　　但他不是馬多夫。這經理人確實存在，他是葛瑞‧索羅威（Gerry Solloway），加拿大消費者財務管理公司家庭資本集團（Home Capital Group）的執行長。

　　但是該份報酬預估表與基金無關，我將他的表格列於下頁，該表格所顯示的是家庭資本集團自 1998 年至 2012 年這十五年來的每年股東權益報酬率。

　　股東權益報酬率是衡量企業投資於該公司股東權益所產生的回報效率。假設你投資了 100 美元開始自己的擦鞋業務，第一年賺了 25 美元，你的股東權益報酬率就是 25%。

　　「隨著時間的推移，一支股票的回報表現會與股東權益報酬率相當吻合。」丹維爾寫道。如果你在 1998 年 1 月 1 日投資家庭資本集團，你需要支付的股價是每股 1.63 美元。2014年 1 月每股價格為 80 美元（現在該股股價是 98 美元，以 2：1 股票拆分調整後的價格）。

　　「不包括股息，在過去十六年裡，該股票一路成長變成49 倍股。」丹維爾接著說明。如果加上股息，該股票的年化報酬率為 28%。這與家庭資本集團的股東權益報酬率非常接近。

　　丹維爾花了很多時間為自己的基金尋找像家庭資本集團這樣的公司。這些公司的股東權益報酬率都達到 20%，甚至更好。不過這不是唯一的關鍵，因為，就算有高股東權益報酬

優渥的回報

年份	年報酬率
1998	20.7%
1999	21.8%
2000	23.2%
2001	23.8%
2002	24.3%
2003	27.4%
2004	31.4%
2005	31.8%
2006	27.4%
2007	28.9%
2008	27.8%
2009	28.2%
2010	27.3%
2011	27.1%
2012	25.5%

率，還是很有可能是很糟的投資項目。例如，價格因素就相當關鍵。（微軟的股東權益報酬率一直很好，但在 2000 年後的十年內，卻是表現相當差勁的股票。）

不過，一旦你找到了類似家庭資本集團公司這樣的股票，目標就是「持有該股票，或是類似的一籃子股票，只要該股能

持續實現上述回報」。這說起來很簡單，做起來卻相當不容易。

每一季，丹維爾會寫一封名為「股東權益報酬率報告」的信，裡面記錄著符合他設定標準的股票。他選的多數是加拿大公司，畢竟丹維爾肯特資產管理公司主要關注加拿大市場。他在 2014 年 1 月份的信件中提到就包括了家庭資本集團。

我分享丹維爾的故事主要有幾個原因。首先，我們必須思考一間公司能利用投資的錢賺取多少回報，這很重要。如果一家公司隨著時間的推移，能以較快的速度增加每股帳面價值，這意味著這間公司有能力以高回報率進行投資。

再來，我想強調當你擁有這種股票時，時間就是你的朋友。在短短十六年內，家庭資本集團將投資者的財富轉為 49 倍。當然，除非你在高點、低點時都繼續持有股票，才有可能獲得如此豐厚的報酬。然而，它的股價也並非一帆風順。2008 年是相當慘烈的一年，當時家庭資本集團的股價慘跌超過一半。想像一下，如果那時你賣掉了，會是多麼可怕的錯誤。

這就是為什麼丹維爾的股東權益報酬率報告相當有用的原因。只要讀一下上面「優渥的回報」預估表格，你應該就不會把股票賣掉。我也見過其他公司有類似的股東權益報酬率報告。還記得菲爾普斯介紹輝瑞近二十年的年度業績嗎？這段期間，輝瑞的股東權益報酬率一直穩定保持在 15％到 19％之間。他問道，「你認為只看到這些數字的投資人，會不斷地買

進賣出輝瑞嗎？」

當然，答案是否定。這就讓我們想問，為什麼有那麼多的投資者無法乖乖地長期持有呢？這個問題你必須自己回答。每個人的答案都不相同。不過請記得，要得到 49 倍的回報、甚至百倍回報，只有靠「買進並持有」這招可做到，菲爾普斯如此回答。

就算是較低的報酬率，累積起來也會相當可觀。15％的報酬率，意味著五年就可以成長翻倍，十年可成長 4 倍。經過二十年，相比剛開始的時候，這筆投資將成長超過 14 倍。

在高股東權益報酬率的股票中找百倍股

自 2008 年成立以來，傑森・丹維爾的資本理念基金（Capital Ideas Fund）就表現優異。

丹維爾專挑股東權益報酬率高並且持久的股票，也因此該基金表現傑出。於是，我致電傑森，並且解釋我的百倍股計畫與初步的發現，許多百倍股在大多數時間都擁有 15％、甚至更高更好的股東權益報酬率。

「沒錯，這也是我們想要的商品。」他說。接著，我們開始熱烈討論他的策略，以及績優股的神奇之處。

丹維爾受到巴菲特的投資手法所啟發。「巴菲特在事業中期時，開始有了新的投資風格。」傑森如此形容我們這位奧馬

哈先知,「在他的事業前半期,他是經典班傑明‧葛拉漢風格的價值投資者。判斷股票的低估程度,是基於短期會計指標定義,包括股價淨值比低、股價現金流量比低,以及本益比低。

接著巴菲特遇見蒙格,他對價值的定義有了變化,並開始專注在相對於未來現金流的淨現值而言便宜的股票。傑森說,「對早期的巴菲特而言,現金流並不重要,因為你的目標在於買入與本年度資產負債表或本年度損益表相比,非常便宜的標的。」

傑森繼續分析,「後來的巴菲特,比較在意公司利潤的動向。也因此他不會投資任何自己不了解的公司,因為這樣一來他無法想像其利潤。」

以淨現值作為基礎來看,最具吸引力的是高速成長股。為了以高於平均水準的速度增長,他們必須擁有可持續的競爭優勢。所以,這類股票能創造相當高的股東權益報酬率。

「這就是你手上百倍股的來源,我不是說其他股票不可能成為百倍股。其他公司也有可能蓬勃發展,並成為百倍股,但是你不可能事先預測。你只能在事後才發現既無資產也無利潤的礦業股成長了一百倍。不過,以我們的能力要選到這種股票,機率可說是趨近於零。」傑森說。

我同意。在觀察百倍股之後,我歸納出兩大類型百倍股:一類是看似隨機的飆股(例如價格突然飆漲的石油公司);另一類是有著高股東權益報酬率,因此更好預測且能滾動複利的

個股。比較起來，傑森更偏好後者。

他舉例說明，假設當肯甜甜圈（Dunkin' Donuts）在展店三十五間時就掛牌上市。我們分析後會認為，這概念不錯、經濟狀況不錯、產品也不賴，而且目前只有三十五個分店。美國市場如此巨大，未來展店八千間也不無可能。「它或許可以在二十年或三十年後成為百倍股。」傑森說，「這就是可預測性。我們可以尋找類似的公司……規模小一點，但是股東權益報酬率高，這類公司的成長相對來說，明確性會更簡單強烈。」

傑森從觀察市場作為起點，開始尋找高股東權益報酬率的股票。他說，「如果一家公司連續四、五年都擁有較高的股東權益報酬率，而且不是通過槓桿，而是以高利潤率獲得這樣的成果，那將是一個很好的起點。」

留意管理層的資本配置

不過，只靠高股東權益報酬率是遠遠不夠的。傑森會尋找另一關鍵要素，以期獲得百倍股。「另一關鍵需要我們自身的直覺與判斷。那就是管理團隊的資本配置技巧。」傑森這麼表示，他舉例如下：

假設我們擁有的公司有 1 億美元股東權益，並賺到 2,000 萬獲利。此時股東權益報酬率為 20％。股息為零。如果每年底，我們將那 2,000 萬美元放入銀行，可以獲得 2%的利息。

而企業的其他部分仍維持 20％的股東權益報酬率。

　　「隨著獲利 2％利息的現金與獲得 20％利潤的事業融合在一起，20％的股東權益報酬率會在第一年底降到 17％，接著隔年降到 15％。因此，如果你看到某間公司每年的股東權益報酬率一直維持在 20％，那代表有人在每年年底，獲得利潤後再次挪至企業本體，讓股東權益報酬率維持一致。」傑森說明。

　　有很多人根本不在意企業將獲利再投資的能力，並且不認為高股東權益報酬率有什麼重要性。傑森跟我說，當他和管理部門溝通時，他最想知道的往往是：「你們將如何進行利潤的再投資？請不要談什麼成長曲線。讓我們談談你最近的五個併購標的吧！」

　　股東權益報酬率不需要保持是一直線。傑森以石油與天然氣服務公司斯倫貝謝（Schlumberger）為例，使用他稱為「貫穿週期的股東權益報酬率」。如果在表現不好的年度股東權益報酬率為 10％，而在表現優秀的年度股東權益報酬率為 30％，那麼平均來講就有 20％。

　　「我很樂意買這種股票，而且理想時機是在表現不好的年分買進。」傑森說。

　　不過，他對那種已經開始進入虧損週期的賠錢公司沒有興趣。這代表他不會考慮那些礦業股以及多數的石油與天然氣股票。

「礦業或石油天然氣股真正賺錢的階段，是早在有任何能讓你我加以分析的資料出現以前。」傑森告訴我，「沒錯，他們會在你眼前上漲一百倍，但當它只是一倍或兩倍股時，根本沒有任何資料可以檢視，唯一會買的人，只有從一開始就入手這樂透彩券的人。而他們確實贏了。不過，你不可能打造一整個系統來挖掘類似性質的股票。」

相反的，你可以買幾張潘娜拉麵包店（Panera）、奇波雷墨西哥燒烤（Chipotle）或當肯甜甜圈的股票，在他們開始飆升以前盡早入座卡位。這些股票都有足夠的資料能加以分析。「如果從連鎖速食餐廳概念股入手，你確實可以得到優渥的長期回報。」他說。

我也詢問了他對於股票回購的看法。股票回購可以提升股東權益報酬率。一般來說，傑森是不可知論者。但他對於股票回購與銷售成長緩慢持保留態度。「如果你持有的公司擁有巨大現金流，其營收成長率為 5％ 或更低，那股票根本沒什麼發展空間。IBM 就是好例子，股東權益報酬率不錯，便宜。但是缺乏營收成長，這意味著股票數量的下降造成的每股盈餘上升已被多次抵消。」他說。總而言之，那股票沒什麼前景。

傑森不太願意投資任何股東權益報酬率高，但是營收成長率不到 10％ 的公司。不過，一旦他找到好股票，他的手筆肯定不會小。

「基金一開始只是為了管理我自己的現金。通常我會告訴

人們，如果你選不到贏家，那最好就買指數股票型基金（ETF）。不過如果你選得出贏家，卻只願意為你最好的點子投資手上 1% 的資金，那就太扯了。」他這麼對我說。

傑森的基金允許他在任何一支股票的投資占基金總額的20%，儘管他對自己的規定是在 12.5%。通常前五支股票就占了基金資本的 50%，他選的這些都是表現頂尖的公司。「我的投資組合裡不存在爛股票。如果有任何公司季度表現不佳，其股價絕不會下跌 35%。頂多掉個 3%，然後股東權益率開始發揮作用，股價很快就會恢復正常了。」他說。

我接著又問他，那什麼時候賣呢？「如果股東權益率沒有掉到 20% 以下，我通常不會賣。」傑森回答，「除非估值開始變糟，走向愚蠢的程度。」

那麼，傑森對內部人持股（insider ownership）的看法呢？他似乎偏好公司高層持股（executive Ownership），這點我也認同，我們的研究會在後面章節對此進行更多解釋。「通常我們不特別看這點。不過我們確實常發現這樣的情形。」他說。能做出好決定的，往往正是公司業主。而他們也不會拿公司的命運孤注一擲。

「聰明的創業者不打全壘打。」傑森說，「他們擅長無數的一壘安打。」他提起星座軟體公司（Constellation Software）與 MTY 飲食集團，在他基金內部位最大的兩間公司。這兩間公司的高層持股比例都相當高，並且有很多漂亮的一壘安打。

他表示，結果造就了非常良好的成長模式，而且風險相當小。

我的結論是，公司能否將高比例（20% 或更高）的利潤再投資是重要關鍵。高股東權益報酬率絕對是好的開始，也提供我們適宜的預測指標。但我不會被任何數字給限制住，只要謹記重要觀念就好。

你必須好好思考資本報酬率，當然，報酬越多越好。

你需要考慮的是企業可以從投資於自身的資金中能賺取多少收益，以及將現金再投資的能力——持續時間越長越好。

如果缺乏上述要素，要收成百倍股，可說是難上加難。

07
自營企業主：
利益共享，共榮共損

Owner-Operators: Skin in the Game

作為資金管理者的經驗告訴我，通常創業者會本能性地擁有相當可觀的股權……如果管理階層與董事會沒有擁有相當比例的持股，也就是至少10％到20％之間，那就不要考慮這檔股票，另尋他處吧。

——馬丁・索斯洛夫（Martin Sosnoff）
《沉默投資者，沉默輸家》（*Silent Investor, Silent Loser*）

你還記不記得《歡樂單身派對》（*Seinfeld*）演過一集「股票祕訣」？

喬治試著說服傑瑞和他一起買一支股票。當時有個傢伙叫沃克森，喬治說他在股票大賺了一筆。在傑瑞搖擺不定時，喬治說服他，「不要這樣啦，沃克森在這股票投了上百萬美元咧。」

　　最後，那股票表現不錯，喬治賺了 8,000 美元。那集還滿有趣的，也有一點股票人生的小智慧，也就是跟著有利害關係參與其中的人買準沒錯。

　　這裡我想提一下我最喜歡的重點，這也與百倍股有關，那就是自營企業主（owner-operator）；請跟著手上持有大量你想購買的股票的人投資吧。

　　但是，首先我想分享市場中的一個奇怪現象，這也是為什麼自營企業主的主題相當值得一談。因此，我要聊聊地平線動力學資產管理公司（Horizon Kinetics）所做的工作。

　　我與這間公司的彼得‧多爾（Peter Doyle）曾在電話會議中交流，並且深入討論了指數股票型基金的廣受歡迎，將會如何扭曲市場。基本上來講，指數股票型基金讓你用買個股的方式，買進一籃子的證券。市場上的指數股票型基金類型很多，例如，不動產、石油、黃金等。無論股價為何，當投資者購買指數股票型基金，該基金將會主動複製其投資標的組合。

　　指數股票型基金提供者偏好選入大型、流動性高的股票，因為這種股票容易買賣。問題在於，那些由內部人士所掌控的公司，正由於其股權龐大，其流動性往往不如其他公司。因

此，指數股票型基金會繞過這類公司，並降低這類公司的部位。

因此，多爾說道，「我們發現這種自營企業主公司的股票，往往被市場低估。然而……他們的投資報酬率遠遠超過標普 500 指數或你可能正在關注的任何其他指數。」

這對選股者來說是絕佳機會。你可以用更便宜的價錢，投資到更好的企業。多爾緊接著又舉了個很好的例子，讓我更好地理解這種失常的現象，那就是西蒙地產集團（Simon Property）。

西蒙地產集團是全美最大的不動產商城經營集團，股價一飛沖天。2009 年 3 月時每股 26 美元。到了 2014 年我和多爾通話時，該股價格已經達 158 美元。該股票收益率為 2.9%，本益比大約 30 倍。

那麼，西蒙家族做了什麼呢？他們是賣家。

西蒙家族在市場上拋售價值超過 10 億美元的股票，此舉提升了股票的流動性。當時，指數型股票基金本來就都有選入西蒙地產。現在，指數型股票基金內的西蒙地產的比重又更高了。

因此現在的狀況是，有支股票股價很高，內部人士正在拋售，但是指數型股票基金仍然繼續盲目買入更多股分。與此同時，市場卻還有其他由內部人士持股的地產公司，其股價僅有西蒙地產的一半（或更少），而且收益率是西蒙地產的兩倍。

「但因為自由流通量不足，因此遭到忽視。那些公司就是我們會深入研究，並且試圖納入手中基金的股票類型。」多爾說。

在今日這樣詭譎的市場內，自營企業主可能會是價值的信號。從價值評估來看，自營企業主是未來表現優異的預測指標。多爾表示，「以長時間來看，自營企業主的表現往往贏過大盤。」

在這個主題上，有豐富的研究和實踐經驗可供參考。以下是相關研究資料：

- 2012年吉爾‧沙爾曼（Joel Shulman）與艾瑞克‧諾亞斯（Erik Noyes）觀察全球億萬富翁所管理的企業股價表現。他們發現上述公司表現超越指數700個基點（或說每年7%）。
- 2009年魯迪格‧法樂布拉其（Ruediger Fahlenbrach）觀察由創辦人出身的執行長在研發面的投資超越其他執行長，他們專注於創造股東價值，排斥破壞價值的收購。
- 2005年亨利‧馬克凡（Henry McVey）與傑森‧達拉赫（Jason Draho）觀察由家族領導的企業，發現他們避免以季獲利觀點進行思考。相反的，他們專注於創造長期性價值，以超越同行。

相關的研究還有很多，不過你大概有一些概念了吧。當風

險也會波及管理者的財務狀況時，他們往往會做出更好的決策，這正是有利害共存關係（切膚之痛）的效益。那麼，結果呢？股東可以在有自營企業主的股票裡，得到更好的獲利。地平線動力學公司有張圖表可以清楚說明典型公開上市公司與自營企業的差異（請見下圖）。

典型公開上市公司與自營企業的差異

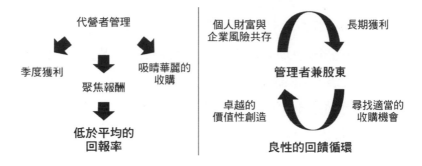

資料來源：地平線動力學資產管理公司

　　由莫瑞・史塔赫（Murray Stahl）與馬修・霍克（Matthew Houk）管理的財富大師基金（Virtus Wealth Masters Fund），聚焦於那些所有權與經營權合一的企業。他們選股的標準為「管理階層必須持有相當大占比的股權。」

　　史塔赫與霍克寫道，

由於自營企業者的大量個人資本暴露於企業的風險之中，他或她通常享有更大的行動自由和關注建立長期企業價值（例如股東權益）的能力。自營企業者獲得個人財富的主要途徑來自普通股的長期升值，而非源於為了激勵代營管理者達成短期財務目標而發放的股票期權、獎金，或加薪。

類似控股的例子是科爾法克斯企業（Colfax Corp.），專營工業產品的製造商。史蒂芬與米歇爾．瑞爾斯（Steven and Mitchell Rales）兄弟持有 24% 的股分。他們還擁有另一家類似企業丹納赫公司（Danaher Corp.）15% 股分。「過去十年持有的丹納赫股票，回報超過 3.4 倍。」基金經理指出，「如果持有 22 年，回報將達 59 倍以上。科爾法克斯企業是丹納赫公司的翻版，但還處於初期的成長階段。」

因此，我的建議是選擇所有權與經營權合一的公司股票。

我前面提到的《歡樂單身派對》影集，在股價下跌時，傑瑞就驚慌地賣掉股票，因為他深怕搞砸了事情。但是那個內部人士沃克森卻堅持不賣出。最後，喬治也堅定跟隨沃克森的腳步。「我就叫你不要賣了。」他告訴傑瑞，「沃克森大賺了一筆。」喬治也是。

後來，我致電財富大師基金創辦人馬修．霍克，與他更深入討論了自營企業主的細節與面向。

跟著億萬富豪押寶

幾乎所有大企業的高層與執行長都象徵性地擁有股權,這樣的社會型態再次強化了一種反企業家精神,即使專業投資者也如此認為。

——馬丁‧索斯洛夫

「當我媽問我最近在幹嘛,我是這麼和她解釋的:媽,如果巴菲特跑來說要幫你管理資產(只收你很少的費用),你願意嗎?」馬修‧霍克跟我說。

「當然。」

「卡爾‧伊坎(Carl Icahn)呢?」

「會啊。」

「那麼,比爾‧艾克曼(Bill Ackman)、大衛‧安宏(David Einhorn)或經營洛茲集團(Loews)的蒂施家族(Tisch)呢?」

「當然沒問題呀。」

「那我的基金就是這意思。有人會收取一點合理的費用協助你管理資金,而你能得到私人的股票管理人才。」

「很奇怪,之前竟然沒有這種服務。」馬修解釋。「這概念相當簡單。當你把錢投入一間公司時,等同授權信任給執行長與董事會。如果他們也伴隨著你一起投資那間公司,是一件

很棒的事。」

這想法也是我個人的投資哲學核心，並幫助我們找到百倍股。請試著回想這半世紀以來最優秀的股票，幾乎都來自自營企業主的公司：蘋果的賈伯斯、沃爾瑪的山姆·沃爾頓（Sam Walton）、微軟的比爾·蓋茲、星巴克的霍華·舒茲（Howard Schultz）。名單還可以繼續延伸再延伸，這些人都是億萬富豪。

馬修說，「莫瑞有天和我一起天馬行空地聊天，當時我們想到，『如果我們以富比士 400 大富豪榜上那些人的公司作為投資標的，不知道結果會如何？』這就是我們旅程的起點。」

接著，財富指數（Wealth Index）因應而生，這也是該基金嘗試複製的基礎。要進入該指標，其自營企業主資產必須超過 5 億美元，股權超過 1 億美元。在此標準下，篩選出 148 位擁有可靠紀錄的經營者。要建立此清單並不容易，這也證明了這檔基金的獨特之處。

通常，基金管理者會運用簡單的量化資料建立基金或指數，例如本益比、類別或國家。這種資料從一般資料提供商那裡就能輕易下載。然而，財富指數則相對困難。

「這需要花點時間。」馬修說。

當時我們在紐約公共圖書館大量瀏覽微縮膠片，尋找、追溯至活躍在 1980 年代初期的富豪。然後逐一瀏覽每個季度的

表現，我們花費大量時間梳理美國證券交易委員會的檔案、委託書和表格。這需要龐大的人力工作。

企業經營者非常重要。在量化的世代，我們常會忘了企業的卓越真正該歸功的是背後的執行者，這和本益比或歷史盈餘成長不一定有關。

有一些股票沒辦法被納入指數，因為規模太小了。但是馬修告訴我，未來很可能會有指數可以追蹤到這些較小規模的自營企業主。

馬修說：「其實我們一直在考慮使用較小市值版本的財富指數來追蹤那些不斷成長的個股，而不是已經成功的企業。像波克夏海瑟威這樣的公司很有吸引力，不過已經太成熟了。巴菲特的職業生涯即將迎來終點。他的投資動機與艾克曼或安宏會一樣嗎？不，當然不會。所以我認為較小版本的財富指數可能會很有趣。」

接著，我們轉而談起自營企業主的一些行為，例如他們喜歡在別人恐懼時進行交易。馬修如此分析：

我認為這是企業的一項重要特質。這些企業執行者知道如何掌控局面，而不會失控。因此，在遇上 2008 年的衰退危機時，這正是他們希望擴大舉債、部署現金的時刻。因為當時機會滿滿。這就是你會想花錢的時刻，是你想加入投資的時機。

然而，如果我們把這樣的投資行為與由代理者執行的公司相比，就會發現，他們厭惡在高波動的環境下耗損資金與借款。代理執行者非常害怕公眾、董事會的目光，害怕折損自己的職業生涯，他們寧可坐在滿坑滿谷的現金之間。這種情況時常可見。有許多文章都在討論企業如何以不可思議的規模囤積現金。

自營企業主是徹底的機會主義者。我們談了幾個的例子，例如出名的交易者卡爾・伊坎。好幾間由伊坎所掌管的公司都被納入在此指數內，其中三家分別是美國軌道車工業公司（American Railcar）、CVR 能源（CVR Energy）與切薩皮克能源（Chesapeake）。

馬修繼續說，「如果你研究像卡爾・伊坎這樣的人，就會清楚看見他把這些公司都視為棋局的一部分。」讓我們來看看美國軌道車與 CVR 能源好了。在巴肯（Bakken）油區，輸送管線的產能非常不足，導致很難運送到煉油廠，例如 CVR 能源。其中一個解決方法就是用軌道車運輸，那正是美國軌道車工業的業務。馬修表示，「看伊坎布局非常有意思。他現在手上也有切薩皮克能源。很明顯地，他的每一步都有其戰略考量。」

自營企業主也有稅務優勢。馬修提起了自由傳媒（Liberty Media）的約翰・馬隆（John C. Malone）。他指出，「你看看他的事業，他討厭繳稅。因此，他努力降低稅前收入，好讓稅額

變低。不過當你檢視自由傳媒，以本益比來看，似乎相當昂貴，不過這是因為他想降低的是每股盈餘。如果你以傳統眼光來審視，就會產生誤判，而錯過這檔好標的。」

　　另一個關於自營企業主的有趣特點就是，他們都被標普500指數給忽視，標普500可說是代表整體市場並且被廣泛使用的指標。馬修指出，標普500使用浮動調整後的市值來確定指數的權重——這意味著，標普500指數只計算非內部人士手上的股分。

　　馬修解釋，「它代表自由浮動市值，因此如果巴菲特買入波克夏海瑟威，那標普500指數權重會下降。而這跟你希望的發展正好相反。如果自營企業主想買入更多股票，那麼你應該會希望該股在指數中的權重上升。然而，標普500指數卻往相反地方走去，這實在有點荒謬。」

　　相反的，如果有名內部人士賣出股票，那麼標普500指數權重會上升，再一次地，這與你期望的發展相反。相對於標普500指數，財富大師基金的財富指數則是希望找到那些具備有力內部人士的公司。

　　有句老話說，「布丁好不好吃，吃了才知道。」該指數的表現一直是一流的。它打敗標普500指數，而且二十年來每年都超越2.7%。追蹤財富大師基金的指數是你執行這種投資策略的好方法。

　　財富指數概念也受到學界證據背書。

「在我們即將推出指數時，《指數投資期刊》（*The Journal of Index Investing*）刊載了一篇文章〈富者恆富，你也做得到：投資富豪指數〉（The Rich Get Richer and So Can You: Investing in Billionaire's Index），該文章的概念與我們非常相似，這讓我們很驚訝，以為有人要搶先我們一步。同時，我們也很高興有獨立協力廠商驗證了這個概念。」馬修說。（關於此報告，請閱讀後面的短文「財富累積財富」。）

我們還討論了指數的組成，權重最高的是非必需消費類股，大約達到37％，例如全美汽車租賃公司（AutoNation）、嘉年華集團（Carnival）、凱悅酒店（Hyatt Hotels）或溫蒂漢堡（Wendy's）。幾乎沒有採礦股，這應該能告訴你一些事情。指數內也有許多金融與不動產公司，舉例來說，奧克拉荷馬的喬治·凱薩（George Kaiser）經營的博克金融（BOK Financial），「那是史上經營最良好的銀行之一，我們講的不是花旗銀行或摩根大通。」馬修表示。「伯克利保險控股公司（W. R. Berkley）也是很好的選擇。安宏經營的綠光資本再保險公司（Greenlight RE）也是。它算金融公司，但其實只是大衛·安宏的工具而已。」馬修補充說明。

你可以查看該基金公開的持股情況，找到所有企業的名字，這份名單相當值得觀察。

該指數也相容並蓄地選擇了各有千秋的內部人士與傑出人士，例如長期創造價值的家族企業，像是萬豪家族（Marriott）

與普立茲克家族（Pritzker）；投資類型的人才，好比現任職於溫蒂漢堡的尼爾森‧佩茨（Nelson Peltz）、約翰‧馬隆、伊坎、艾克曼、安宏、愛德華‧蘭伯特（Eddie Lampert）等。

馬修總結，「對普通人來說，要達到那樣等級的投資品質幾乎是不可能的。你得擁有對沖基金或是合夥私募股權，而且你必須擁有極高的生活品質才能接觸到這些人脈。但是現在我們有個間接的方式，能讓你獲取如此的投資品質。你可以讓尼爾森‧佩茨幫你管理財富，也可以讓伊坎和巴菲特幫你掌管投資。」

財富累積財富

「大部分的財富都隱藏在私人金融管理範疇內，外人無法一窺堂奧。」吉爾‧沙爾曼教授與艾瑞克‧諾亞斯寫道，「大眾永遠都無法得知資金背後的祕密。」

但是並非所有的財富都深隱暗處。例如，觀察經營多間全世界資產最雄厚的上市公司的馬修‧霍克，我們可以追蹤其軌跡，這正是沙爾曼教授與諾亞斯的做法。

毫無意外地，他們發現，平均而言，這些股票表現都相當優秀：「我們的結論是，基本上⋯⋯由世界上最富有的人代表的公開交易股票的投資組合或指數，表現

都非常優異。」

　　兩位教授的億萬富豪指數，其實近似財富大師指數，這遠勝其他競爭指數。也因此，他們將此概念付諸實行，並購入此類股票。當然，現在你可以透過購買財富大師基金，得到相同結果。

　　兩位教授沒有花費太多時間分析為何上述股票表現超越大盤。但是，他們提供了些許線索。其中的一個原因是富豪們的關係網路，不管是商業或社交網絡都能讓他們取得更多的資訊。這有助於他們的表現優於其他網絡能力較弱的同儕競爭者。

　　我和馬修交流時，他也認同此觀點。他提到了史蒂文·烏德沃爾哈齊（Steven Udvar-Házy），也就是航空租賃公司（Air Lease Corp）的執行長。烏德沃爾哈齊是航空租賃之父，在業界擁有堅實人脈。他只要拿起電話，就可深探航空租賃領域的任何縫隙，這使得他的公司擁有絕對的優勢。

　　不過這優勢並不會反應在財務報表或本益比上。不過其真實性無庸置疑。兩位教授還羅列了其他幾項成功要素：低成本、適度的借貸、經濟週期的利潤、高階管理人員的低流動率，以及對所有股東的獎勵措施。「綜合其效應，如果做得好，將為所有股東創造爆炸性的財富。」教授們寫道。

事物的確切組合可能是一個謎，只能在事後拼湊出一個結果解釋。不過，最重要的觀點是，發號施令的管理人有其個人資本暴露於企業風險之中。這是貫穿所有故事的特點，也是財富背後的祕密。

當我們尋找百倍股時，重視人才的價值是有幫助的。我們應該放眼尋覓下一位賈伯斯、沃爾頓或伊坎，跟著頂尖人才投資。過去五十年來表現最優異的股票，幾乎都曾擁有過至少一位的傑出領導者。這正是本章的**關鍵重點**。

08
非典型經營者：最佳執行長

The Outsiders : The Best CEOs

很多人認為傑克・威爾許（Jack Welch）是很優秀的執行長。根據威廉・索恩戴克（William Thorndike）所寫的《為股東創造財富》，如果你在 1981 年威爾許掌管奇異公司時投資 1 美元，在 2001 年威爾許交棒給傑夫・伊梅特（Jeff Immelt）時，你手上會有 48 美元。這代表複合報酬率為 20.9％，而整體市場報酬率為 14％，換言之，奇異公司的總回報率是市場的 3.3 倍。

這紀錄簡直令人讚嘆（我們先不討論威爾許離開後發生了什麼事）。索恩戴克把威爾許當作傑出執行長表現的標竿，不過威爾許是史上最佳執行長嗎？

還差得遠呢。

跟著那些為股東創造財富的人

　　讓我們看看索恩戴克的書，這是一本研究優秀執行長如何創造價值的佳作。我非常推薦閱讀這本書，它會讓你成為更好的投資者。這正是我花了那麼多時間尋找的那種真正指南手冊：真正偉大的自營企業主。不過，同樣重要的是，要找到下一個百倍股的邏輯與模式，就要從已經創造出百倍股的傑出人士們身上開始鑽研。

　　索恩戴克點名八位執行長，作為非典型經營者代表。其中四位執行長，在任內成功創造了百倍股。這四個人分別是，泰萊達科技（Teledyne）的亨利・辛格頓（Henry Earl Singleton），創造 180 倍股；首都城市傳播（Capital Cities）的湯姆・墨菲（Tom Murphy），創造 204 倍股；美國遠程通訊（TCI）的約翰・馬隆，創造 900 倍股。噢，還有巴菲特。

　　沒有在任內達成百倍股任務的另外四位，則是《華盛頓郵報》的凱薩琳・葛蘭姆（Katharine Graham），創造 89 倍股；普瑞納（Ralston Purina）的比爾・史特爾茲（Bill Stiritz），創造 52 倍股。不過我們不會太過嚴苛，史特爾茲花了十九年就創造了 52 倍股。想像你交給史特爾茲 1 萬美元，最後拿回 52 萬美元，這筆錢足夠讓你的退休生活過得更加多采多姿了。

　　重點是，跟著這些執行長投資，可以為你取得豐厚獲利。你甚至不需要全程參與。

不過，讓我們再回到本書的基礎架構。

我們的前提是，這些執行長必須是優秀的資產配置者，或本身是傑出的投資者。資產配置等同於投資。而索恩戴克認為執行長們擁有五個基本選擇：投資現有企業、收購其他企業、支付股息、償還債務或回購股票。（我認為還有第六個選擇，那就是坐擁現金，不過這等同於延遲上述五個決定。）

他們還有三種籌集資金的方式：發行股票、發行債務，或是利用企業的現金流。

「你可以想像上述選擇本身就是個工具箱，」索恩戴克寫道，「長期來看，股東的回報很大程度取決於執行長在選擇使用工具時，所做的決定。」

請注意這一切都與「偉大的企業」無關，也與是否處於「成長中的市場」無關，更無需擁有特殊資產。無論在下沉或爆發的市場，這些非典型經營者的執行長們都可創造獲利。他們嫻熟消費者產品與媒體，也在媒體界與製造業所向無敵。對這些人而言，處於哪個產業根本就不重要。

索恩戴克分析，「與同行相比，他們並沒有擁有熱門、容易複製的零售概念或智慧財產權優勢。不過，其表現大幅超越其他公司。」他們很懂得運用工具箱達到最高效益，並有一些相當類似的共通觀點。

上述的非典型經營者都擁有相當符合某一特定、小規模知識分子圈圈的世界觀；索恩戴克認為他們每一位都很了解到：

- 資產配置是執行長最重要的工作。
- 每股帳面價值才是最重要的,而不是整體規模或成長。
- 現金流決定價值,而非獲利收益。
- 將組織去中心化可以提升創業能量。
- 獨立思考是長期成功的關鍵。
- 有時候,持有自己的股票會帶來絕佳機會。
- 收購時,保持耐心是種美德。有時候,大膽也是種美德。

　　他們共有著「相當老派、非當代的價值觀」,不過行事作風卻又非常「反傳統」。這與他們所落腳的地理位置息息相關,通常紐約市不會是他們棲居之處,反而會選擇置身於金融中心之外。

　　這讓他們得以迴避嘈雜噪音,將世俗觀點與擾動排除在外。索恩戴克寫道,「他們崇尚『**單純的重心**』。通常非典型經營者擁有化繁為簡的天賦,這使他們從同儕的混亂之流脫穎而出,並全力專注在自身企業的經濟核心特質。」他舉了數個例子解釋上述特質。結果如你所見,許多非典型經營者都擁有讓人跌破眼鏡的紀錄。

　　我們用泰萊達科技的亨利·辛格頓為例(這正巧是我個人認為企業歷史上最有趣的個案)。泰萊達是企業集團,這點毫無特殊之處。但是讓我們看看辛格頓如何運用自己的工具箱。

他避免支付股息，忽略財報的收益，而是專注在現金流上。隨著時間的推移，他讓泰萊達回購了 90％ 的股票。如果你在 1963 年投資辛格頓 1 美元，那麼在他 1990 年退休時，你會得到 180 美元。相對於同時間市場回報的表現，他以 12 倍的實力擊敗市場。

辛格頓與其團隊同為公司股東。這點真的很重要，如同我前面一再提醒的。當辛格頓退休時，董事會擁有 40％ 的股票，非典型經營者的獎勵利益與股東們相當一致。

還有另一個相當好的例子：首都城市傳播的湯姆‧墨菲。在他起步時，手上共有五家電視台與四家廣播電台。他的競爭者哥倫比亞廣播公司的市值是首都城市傳播的 16 倍。墨菲就像是在滔天巨浪中以雙手搖槳賣力前進。然而，當他退休時，首都城市傳播已經能和哥倫比亞廣播公司平起平坐。「這艘小船算是穩穩地贏了巨浪。」索恩戴克如此描述。

墨菲的準則極其簡單：專注於現金流，運用槓桿收購更多的資產，提升經營業務，付清債務。接著，重複一次。如果你在墨菲擔任執行長的 1966 年投資 1 美元，二十九年後他將該公司賣給迪士尼時，你會擁有 204 美元。這代表年報酬率將近 20％，以 17 倍的佳績勝過大盤！（並打敗競爭者約 4 倍），在墨菲的領導下，首都城市傳播買回將近 47％ 的自家股票。

另一個來自《為股東創造財富》的絕佳例子，則是美國遠程通訊的約翰‧馬隆，該公司提供有線電視服務。他的紀錄相

當驚人。你若在 1973 年投資該公司 1 美元，到了 1998 年，將可拿回 900 美元，這等同年化報酬率近 30％，並且還維持了相當長的時間。當時競爭者的報酬率約為 20％，而市場整體報酬率大概是 14％。馬隆還回購了 40％的流通股，回購產生了超過 40％的報酬。（我應該補充一點，所有非典型經營者的回購都產生了豐厚的回報。他們知道如何以低價買入。）

再請看看另一個例子，那就是普瑞納的比爾・史特爾茲。他以相當簡單的指標衡量公司的發展，那就是股東權益報酬率。他運用債務達成此目的。他把沒有達到表現門檻的單位全部出售。他的策略相當聰明。若投資史特爾茲 1 美元，十九年後，會取回 57 美元，這等於年化報酬率 20％，超越競爭公司（17.7％），也超越市場（14.7％）。他遵守了上述多項原則。史特爾茲同樣大規模回購股票，普瑞納將近有 60％的股票被購回。

故事是說不完的，索恩戴克竭盡全力描述八位成功的執行長。你可以掌握他們的價值觀，以及背景。索恩戴克也解釋非典型經營者們如何在小小的決策圈中推動自己的主要觀念。

成功沒有絕對的公式。不過，索恩戴克徹底地掌握了非典型經營者的特質，以及他們使用工具箱的方法。他們「蔑視股息、進行有紀律的（有時相當大型）收購、選擇性地使用槓桿、 回購大量股票、以最大規模減少稅收、以去中心化的方式運作組織、專注於現金流而非財報上的淨利。」

這些非典型經營者不見得完全遵照上述原則。在不同的情況下，他們會選用特定的工具。但是，他們以投資者的方式思考，並聰明地運用工具箱，為企業帶來其他傳統執行長無法達成的深刻影響。

我曾經向許多執行長與同儕投資者推薦《為股東創造財富》。我自己手中的那本畫滿了重點，十分建議你買來仔細閱讀。這本書將會讓你洞察「革命性的理智者」的世界。雖然很可惜的是，這本書並不受到多數投資者的重視，但的確是一本值得反覆閱讀、會帶來無盡收穫的佳作。

下一個非典型經營者

最近，我曾問過索恩戴克，究竟百倍股是如何成形的。

當時我在紐約，索恩戴克有一場座談會，主持人是威廉‧柯罕（William Cohan），他是拉札德（Lazard）的投資銀行家，著有數本書，也時常上電視節目。主辦方為紐約證券分析師協會。這是個難能可貴的機會。

我不打算寫下整場討論會內容，但是我想將其中一小部分記錄下來，這對你會很有幫助，也就是索恩戴克給我的回答。當時我向他提問，哪些執行長與公司真的以非典型經營者的模式運作。

他給了幾個答案：

TransDigm 集團（TDG）的尼克・豪利（Nick Howley）

索恩戴克形容 TransDigm 是「扎根於克里夫蘭的優異公司」。TransDigm 專精飛機特殊零件製造，地位難以撼動。這些零件對飛機航行相當關鍵，幾乎完全無法取代，也因此 TransDigm 企業相當成功。而且，加上豪利積極的回購，其股票勢不可擋。

索恩戴克在書中用好幾頁的內容詳加分析這間公司。如果你在 2012 年 10 月本書出版後立即購買該公司，你手上的股票價格將上漲 45％。在我看來，TransDigm 的股票一直都很貴，但不可否認，該股一直是贏家。自 2006 年首次公開募股以來，它已經上漲 660％了。

丹納赫集團（DHR）和科爾法克斯企業（CFX）的史蒂芬與米歇爾・瑞爾斯

這對兄弟檔是這兩間公司背後的重要推手。你應該聽過丹納赫集團，它是市值 580 億美元的大型企業。瑞爾斯兄弟很擅長併購小公司，並將其完整地收編進丹納赫集團巨獸內。

科爾法克斯企業似乎更有趣，因為其規模較小（市值僅 60 億美元），也較年輕。它在 2008 年以每股 18 美元的價格上市。瑞爾斯兄弟基本上是將丹納赫成功公式直接套用在科爾法克斯上，該股火紅了一段時間。現在似乎正面臨拋壓，與高點

相比，下跌 30%。

威朗製藥國際（VRX）的麥可・皮爾森（Mike Pearson）

這案例較有爭議性。有一些直言不諱的批評者認為皮爾森的商業模式只是雷聲大雨點小，質疑其會計帳目，也對股價感到不滿。但另一方面，我知道潘興廣場資本管理（Pershing Square）的比爾・艾克曼在葛蘭特研討會（Grant's Conference）上為皮爾森積極辯護，他以成長的現金流與皮爾森的交易邏輯作為論點基礎。

NVR 企業

這家公司絕對是房地產建造業的非典型經營者。地平線動力學資產管理公司的莫瑞・史塔赫在 2013 年年末曾撰文討論。他如此總結 NVR 的傑出之處：

NVR 在房地產建造業顯得有點奇特。它選擇不進入加州和亞利桑那州等快速成長的市場，且在整個房地產危機期間仍保持穩定盈利，目前持有現金多於債務。這種保守的管理方法讓該公司在過去十年中還回購了近一半的流通股。

如果你想要買一支房地產建造業的股票，那可以考慮NVR。

埃克森美孚

索恩戴克追蹤了該公司三十五年的紀錄，這數字龐大又枯燥。對我來說，這支股票有點過時了，它成為狗股已經五年了，不過或許你還是可以靠它賺點錢。

一系列的小波克夏式保險公司

包括馬克爾（Markel，MKL）、白山（White Mountains，WTM）與楓信金融控股（Fairfax Financial Holdings，FFH）。你應該都聽過。這三間公司都以相同的模式經營，並擁有保險公司。他們透過長期巧妙投資基金，創造超高報酬。這幾間公司都相當引人注目，我也一直保持觀察。當市場大跌時，請注意了，這可能是你唯一能夠以便宜價格購買上述股票的機會。

盧卡迪亞國際集團（Leucadia National，LUK）

補充一下，索恩戴克也希望將伊恩・卡明（Ian Cumming）與喬瑟夫・史坦伯格（Joseph Steinberg）這兩人納入書中介紹。這兩位搭檔領銜盧卡迪亞國際集團，並讓該公司股票成為250倍股。但是低調的兩人不願意與作者配合。因此索恩戴克最後決定不將他們寫在書內，因為他認為與所有在世的傑出執行長會面非常重要。他寫了該篇章，但沒能發表。

現在，盧卡迪亞國際集團已經轉型。它與投資銀行傑富瑞（Jefferies）大規模合併。卡明退休了，史坦伯格仍為董事長。

但是傑富瑞的高層人士理查‧漢德勒（Rich Handler）如今也掌舵盧卡迪亞，現在傑富瑞已經是盧卡迪亞集團很重要的一部分了。基本上，除非你欣賞傑富瑞，不然最好不要買盧卡迪亞的股票。或許老盧卡迪亞的文化仍得以傳承。但我還是心存懷疑。

汽車地帶（AZO）

我在前面章節提過汽車地帶。它有很好的獎勵計畫，所有的獎勵指標，不管是資本回報率、每股盈餘和股東總報酬，都與股東利益完全一致。因此毫無意外地，執行長自然願意回購股票。在過去十三年來，汽車地帶的股票數量下降了75％。股東的年複合報酬率為21％，相比總體市場的表現僅有3％。（這個例子和丹維爾反對微軟與回購的想法背道而馳。我們將在第11章更仔細地討論回購。）

最後，索恩戴克提到了一個非常重要的人，而我無法一開始立即為讀者們介紹：

星座軟體公司（CSU）的馬克‧李奧納多（Mark Leonard）

索恩戴克對這間的介紹是「位於加拿大的傑出小公司」。這點打中了我。我知道曾在哪裡看過這間公司了，那就是丹維

爾的股東權益報酬率報告。於是，我找出丹維爾的信，相關段落如下：

　　我一直都很欣賞科技公司，多年來，我們持續觀察的公司是星座軟體公司與笛卡爾系統集團（Descartes Systems）。這兩間都是非常成功的軟體公司，他們在製造和銷售產品方面都獲得了很高的分數。但我們選擇買下星座軟體而不是笛卡爾，因為我們認為前者是更好的資本分配者。星座軟體的股東權益報酬率（依照我們的測算）通常比笛卡爾高出 3 倍……星座軟體擁有較好的資產配置策略，並明顯反應在長期的股價表現上。

　　我同意。自從星座軟體 2007 年上市以來，每股價格從 24 加元上升到每股 322 加元。這是一支 13 倍股。與此同時，笛卡爾則為 4 倍股。

　　加拿大《環球郵報》的喬・查德雷（Joe Chidley）曾在 2014 年 4 月撰文評論過馬克・李奧納多。他是這麼寫的，「李奧納多一直被拿來與巴菲特以及楓信金融控股的普呂姆・瓦莎（Prem Watsa）相提並論。」更神奇的是，李奧納多在管理上市公司上取得如此巨大的成就，但仍舊保持了相當程度的低調與匿名性。

　　星座軟體運用了有點丹納赫意味的起手式。它買入無數公司，重整後運用現金流進行再投資。市場上永遠不乏目標，該

公司在 2013 年就進行了三十件併購案，事實上其併購資料庫至少有一萬個收購目標。

李奧納多手握相當龐大的股票，股分價值超過 4 億加幣。「但他相當保護自己的股東，自 2007 年以來，星座軟體沒有發行過一張股票。」《環球郵報》寫道。

這故事太精采了。星座軟體絕對值得索恩戴克改版時大書特書。可惜，索恩戴克說過《為股東創造財富》不會改版了。太可惜了。我們無法繼續觀摩索恩戴克如何分析下一世代的非典型經營者。但是，我們可以投資他們。

09
18,000 倍股的祕密
Secrets of an 18,000-Bagger

如果不是因為大家太常犯錯，我們不可能賺那麼多。
　　——2015 年查理‧蒙格於波克夏海瑟威年度股東大會

　　我和四萬多人一同在內布拉斯加州的奧馬哈參加波克夏海瑟威股東人會，也慶祝該公司成立五十週年。

　　八十四歲的巴菲特與九十一歲的蒙格主掌大局。兩位超級投資者逐一回答觀眾問題，並漫談各式各樣的討論。對投資者來說，波克夏海瑟威是必須研究學習的企業，不管你是否認同巴菲特皆然。

　　該公司的股票成長了 1 萬 8,000 倍，這代表如果你在 1965 年投資 1 萬美元，五十年後，你手中會有一筆高到讓人感到荒

謬的 1.8 億美元。

巴菲特成功的祕訣

關於巴菲特的投資研究書籍，已經多到能自成一間圖書館
了。最新的一本著作來自艾蓮娜・奇爾科娃（Elena Chirkova）
的《巴菲特的投資哲學》（*The Warren Buffett Philosophy of
Investment*）。

奇爾科娃的書之所以引人注目，是因為她以俄語撰寫，並
在俄羅斯出版，現已成為暢銷書。奇爾科娃的背景是一位莫斯
科的金融學副教授。

要能在浩瀚的巴菲特研究領域提出新觀點，實在不是件容
易的事，不過奇爾科娃專注於其他人忽視的地方，那就是波克
夏公司如何使用槓桿。

「波克夏海瑟威資本結構中的槓桿部分占總資本的
37.5％。」奇爾科娃寫道。這可能會讓大多數人感到驚訝。

槓桿來自保險浮存金。巴菲特持續擁有保險公司，這也是
波克夏集團的重點事業。作為保險公司，你會先收取保費，然
後再支付理賠。在此期間，可以將資金進行投資，並且保留所
獲得的任何收益。

如果你的保費超過所支付的索賠額，也可以保留。這就是
所謂的承保利潤。

大家都知道這個故事，巴菲特用保險浮存金進行投資。但是大家不知道的是，他的資金來源有多便宜。巴菲特持續以低於美國政府的利率借款。

　　這怎麼可能呢？如果保費超過理賠金額，那麼等同巴菲特有效地以負利率借入資金。他收取保費，拿這筆錢進行投資，並且保留了所有的利潤。當他償還這筆錢時（支付保險理賠），償還的金額通常少於借入的金額。

　　根據一項研究，自 1965 年以來，波克夏公司在四十七年之中，有二十九年都以負成本借貸。奇爾科娃引用另一項研究，認為波克夏公司的借款利率平均為 2.2％，比同期美國公債殖利率低約 3 個百分點。

　　這就是巴菲特成功的祕訣。如果你的資產有近 40％ 近乎免費，實在很難不成功。但這並不代表保險是致富的捷徑，波克夏公司很清楚承擔了哪些保險風險。這意味著當風險和回報失控時，必須縮小規模，而該公司也經常這樣做（並且確實如此）。

　　舉例來說，讓我們檢視國民保險公司（National Indemnity Company），這是波克夏擁有最久的子公司。1986 年，國民保險公司收入 3.66 億美元的保費。然而，從 1989 年到 2000 年，該公司沒收取超過 1 億美元的保費。

　　奇爾科娃寫道，

1986 年至 1999 年這段時間營收下滑，並不是因為無法獲得保險業務。如果波克夏公司願意降價，當然大可獲得數十億美元的保費。然而，該公司制定的保單定價是為了獲利，而不是為了與其他保險公司競爭。波克夏從不想離開客戶，但客戶離開了波克夏。

當機會再度來臨時，國民保險公司沒有錯過市場。在 2003 年至 2004 年之間，該公司每年收入 6 億美元保費。

我必須強調，對「普通」的保險公司來說，以這種方式經營會有多麼困難。想像一下股東們公開呼籲管理層的負責人，「公司有好幾年沒成長了！」

正如波克夏副董事長蒙格在上一封年度公開信所言，「波克夏公司在保險業的傑出表現，並非自然而然的結果。通常來講，就算公司管理得再好，普通的意外傷害保險業務往往只是表現平庸。而這種表現不會有任何用處。」

因此，我們在此總結三大要點：

1. 巴菲特用別人的錢致富。
2. 他的借款近乎負利率，平均而言，他支付的利率遠低於美國財政部所支付的利率。
3. 要維持這樣的低利率，就必須願意在風險和回報失控時，放棄市場。

我不知道為什麼其他人不嘗試效仿波克夏。有鑑於巴菲特的成功，應該會有更多公司像他那樣使用保險浮存金。但是大多數的保險公司只是將其浮存金投資債券。他們在保單費率上與其他保險公司競爭。

事實是，巴菲特只有一個。而且機運永遠都是最重要的環節。即便連蒙格都承認波克夏公司的成就如此巨大，他自己都會懷疑假如巴菲特重來一次，年輕的他能否以較小規模的資本取得一樣的成功。

即便如此，蒙格寫道，「我認為波克夏系統應該要更常運用在其他領域，嘗試更多元的不同版本。」

我也認同。18,000 倍股實在高得太離譜，讓人難以置信。世界上恐怕無人能出其右。但是，那又怎樣呢？我們可以試試百倍股吧？成功的模式已經很清楚了吧。

接下來二十年的波克夏海瑟威

現在我們已經分析了投資的黃金原則，接著問問自己，還可能有第二間波克夏海瑟威存在嗎？讓我們考慮一下控股公司。

一家公開交易的投資控股公司，當管理團隊看到適合的機會，有很大的投資自由可以根據自己的意願投資。他們可以投資自身控股公司旗下的公司、外部公司、公共企業或私人企

業，甚至是投資不同的產業。

最好的例子就是前面提到巴菲特的波克夏海瑟威。它持有一些可口可樂和 IBM 等上市公司的股票，也擁有一些公司的控股權，例如蓋可（GEICO）和時思糖果（See's Candies）。波克夏的購買涉及多種產業，從保險到零售，包山包海無所不有。

波克夏海瑟威是投資控股公司模範。自 1965 年以來，其複合年報酬率近 20%（最終成了 18,000 倍股）。另外還有其他先前提到的公司，例如盧卡迪亞國際集團、洛茲集團、布魯克菲爾德資產管理（Brookfield Asset Management）與楓信金融控股。這些是最享負盛名的公司，擁有長期打敗大盤的紀錄，而且數十年來持續累積複利。

假如你在二十或三十年前就投資這些公司，並放著不動，你就走運了。現在我們都知道這些公司，不過要如何發現新世代的超級控股公司呢？我們要怎樣才能找到二十年、三十年後的波克夏海瑟威？

現在，讓我們開始吧！

我最近和林德赫斯特聯合基金（Lyndhurst Alliance）的管理者陶德・彼特（Todd Peters）聊過，他就在進行類似的計畫。他已經挑選出 133 個可能公司，並且創造了一個投資組合策略，讓你可以與他一起投資。

我想跟你分享一些和陶德對話的筆記，以及他所分享的研

究內容。

「我現在試著，要找到的公司是：規模小一點、比較不出名，而且我認為他們有能力讓自己成長至一定規模，或者在三十年後往回看，他們會擁有和波克夏海瑟威相似的報酬模式。」陶德告訴我。

他以顧問的身分研究資金管理近二十年。基本上來講，控股公司的領導者正是擁有投資結構優勢的資金管理者。他們擁有持續性的資金，對比對沖基金管理者而言，後者必須頻繁處理現金流的往來動態。控股公司也建設事業，而非僅止於買賣股票，這正是真正讓陶德感興趣的原因之一。

陶德對自己的研究主題抱有極高的熱忱，這不僅僅是個工作或市場話術而已。他理解控股公司的歷史，並加以透徹的研究。陶德以金融家湯瑪斯‧富勒‧雷恩（Thomas Fortune Ryan, 1851-1928）命名投資組合：雷恩投資組合（T. F. Ryan Portfolio）。

普遍來講，雷恩被視為美國首間控股公司的創辦人，也就是大都會牽引車公司（Metropolitan Traction Co）。雷恩來自底層貧民階級，可說是白手起家。當他過世時，他是全美排名第十大富豪，估計旗下財產約 2 億美元。

「我利用空閒時間研究活躍於 1860 年至 1920 年的金融業者。」陶德說。造訪不同城市時，他喜歡去拜訪參觀當地的名人居所，看看是誰創造了那個城市的財富。

陶德跟我說，「我從十幾歲就開始研究這些人。我知道范德比爾特家族（Vanderbilts）、洛克菲勒家族（Rockefellers）與卡內基家族（Carnegies）。」但是現在我正研究的是遠在核心之外的新世代，那些還沒有人知道的人物，其中有些人的故事也相當精彩。」

不過，不是每個故事都有美好結局。有些人大贏致富，也有人慘賠落敗。因此，光是研究這些人就足以讓你收穫豐富。陶德認為，以歷史角度而言，他認為有五個人、或說五個集團，可被視為控股企業的啟蒙。以時序來講，雷恩率先出場。接著是來自克里夫蘭的范斯威林根（Van Sweringen）兄弟，他們曾一度擁有全國最長的鐵路軌道，後來卻在大蕭條中被壓垮了，旗下控股公司最終轉為阿勒格尼（Alleghany）——另一個今日的模範控股公司。

下一個是，加拿大金融業者伊薩克·沃爾頓·凱萊（Izaak Walton Killam），1995 年過世時他是全加拿大最有身價的富豪。接下來，排名第四名是被施格蘭（Seagram）趕出來的布朗夫曼（Bronfman）兄弟。他們的控股公司愛德（Edper）買下布拉斯康（Brascan），最終成為布魯克菲爾德資產管理。在八〇年代，愛德公司管控了多倫多證交所 15％的交易。最後，排名第五的是亞伯特·弗黑赫（Albert Frère），目前是全比利時最富有的人，他掌管一間控股公司 Groupe Bruxelles Lambert（以下簡稱 GBL）。

「上述五組人物形塑了我如何思考控股公司，時間軸從1880年代延續至今。」陶德如此表示。他認為研究歷史很有幫助，並從歷史觀察發現，好的控股公司善於建設事業。

　　他認為真正的財富創造，「不只是享受頭等艙等級的富有，而是能擁有以自己名字命名的圖書館這種等級的富有。」必須長期擁有、經營，且建設企業，並對企業有長期承諾。「這是我在布魯克菲爾德、洛茲與盧卡迪亞身上看到的特質。」

　　2000年第一次遇到亞伯特・弗黑赫後，陶德就開始認真投入建立自己的控股公司名單。市場僅以GBL集團的公開持股進行估值，但是該公司擁有德國媒體博多曼（Bertelsmann）25％的股票，當時博多曼是私人企業。如果該公司上市，GBL集團市值將是現在的3倍。由於多重持股，這些公司往往相當複雜，也不適用於華爾街簡單的運作，更沒有多少人會關注它們，這就創造了低價買入的機會。

　　陶德興致勃勃，並開始研究類似GBL的公司。多年來，他只要讀到任何關於集團或控股公司的文章或故事報導，他就會加入自己的資料庫內。2007年，他開始思考這些想法要如何轉為單一投資策略。當時，他手上名單列有將近五十間以上的公司。隨著名單不斷增列，目前已有一百一十三間企業。而這組名單展現出的特點相當有趣。

　　「我只有十八間公司在北美，其中十二間是美國企業。」

他當時這麼說,「其他大部分來自非美國區域。」他表示,除非美股崩跌,不然他不會買美股。就此雷恩投資組合上路了,該投資組合策略納入瑞典的辛內維克(AB Kinnevik)、法國的波洛萊集團(Bolloré Group)、加拿大的鄧迪公司(Dundee Corp),以及香港的第一太平公司(First Pacific Co)。

陶德喜歡新領域市場(Frontier Markets,或稱邊境市場),但是他恐怕還沒準備好投資位在……例如哈薩克的控股公司,儘管他可能確實相信該市場。相反的,他偏好投資位於已開發市場、但涉獵新領域或新興市場的控股公司。如此一來,至少在持股公司的部分,他可以享有成熟資本市場的優點,像是相對容易取得的財務訊息、透明程度等。

陶德的投資哲學基本上相當符合本書論點。舉例來說,陶德希望以低於各部分價值總和、用適當的折扣價格買入控股公司,他也偏好堡壘式穩健的資產負債表與低負債水平,這些都是陶德尋求的特質。

如同波克夏海瑟威證明的,一家持股公司結構可以達到實現百倍股,甚至表現地更好。

10

凱利的英雄公式：
豪賭下重注

Kelly's Heroes: Bet Big

> 我不可能買下五十間或七十間公司的股票，那太諾亞方舟
> 了，最後你會買下一整座動物園。我比較喜歡在幾間公司上花
> 大錢。
>
> ——巴菲特

湯瑪斯・菲爾普斯寫道，「不要把自己的目標設得太過渺
小。」他的意思是，你會希望將資本投注在可能成為百倍股的
股票上，而不是買了一籃子股票，然後得到馬馬虎虎的結果。

在本章，我們將會討論如何保持投資組合的集中程度。

讓絕佳點子的回報最大化

在蘇黎世「Value X」研討會上，彼得森資本管理公司（Peterson Capital Management）的麥特・彼得森（Matt Peterson）介紹了凱利公式（Kelly criterion）的概念，講起來這可能太過數學與抽象化，不過基本概念很簡單，那就是在你最好的點子上投下大量資金。

故事從約翰・凱利（John L. Kelly Jr.）開始說起。

凱利來自德州，是二戰海軍飛行員和物理學博士。

他在著名的貝爾實驗室工作，1956 年他在該實驗室提出了後來聞名世界的凱利公式。威廉・龐士東（William Ponderstone）曾在《決勝籌碼》（*Fortune's Formula*）精彩講述凱利的故事。

凱利試圖回答一個問題：如果有個賭徒得到內幕消息，他或許能掌握賭局走向。雖然消息不是 100％可靠，但還是給了他一些優勢。假設他的賠率與其他賭客都一樣，那麼請問他應該下多少注呢？

凱利的問題可以簡化為賭注風險者的質能守恆方程（$E = mc^2$）：

$$f = 優勢 / 賠率$$

F 是你下注的資金百分比。假設你可以在肯塔吉德比賽馬

中以 5：1 的賠率投注賽馬「大布朗」，這意味著，如果你下注 1 美元，大布朗獲勝時你將贏得 5 美元。（而且，你還會拿回自己的 1 美元。）這就是賠率等於 5。

你的優勢是什麼呢？你的小道消息說大布朗有三分之一的獲勝機會。這意味著 1 美元的賭注讓你有三分之一的機會獲得 6 美元（5 美元加上你最初的 1 美元賭注）。平均算來，1 美元的賭注價值 2 美元，淨利潤 1 美元。你的優勢是利潤除以賭注大小，在本案例中為 1 美元，因此這裡的優勢 =1。

把這一切都代入公式，凱利認為你應該把總資金的 20% 押在大布朗身上。

如果你看不懂算式，也沒關係。公式的目的在於找到最佳下注金額。簡單來講，如果你選了很好的標的，那就下注大一點。

你可以想像，這對投資者來說多少有點幫助，因為他們總是在想，我該在單一股票投入多少資金呢？

凱利公式為你提供了一種客觀的思考方式。但它也有一些缺點，例如太過貪心。龐士東寫道，「這公式冒的風險太大，而這全是為了取得最多的財富。」凱利公式的目標在於以最短時間獲取最多獲利，但這樣的目標不適用於每個人。

不過這公式也算保守，因為它能防止你破產。有教授如此形容此公式，「它有某種自動內建……還算良好的生存動機。」儘管如此，凱利公式仍可能造成你資金的大幅波動。回顧我們

的大布朗案例，如果你賭輸了，會損失 20%的資金。也因此有人會採取「半凱利」的方式，企圖減緩波動。換句話說，如果公式要你投注 20%資金在一檔股票上，你可以減半，只投入 10%的資金。

我偏好半凱利的做法，因為這麼做能大幅減低波動，又不會減少太多報酬。龐士東認為，若用全凱利做法可取得 10%回報，半凱利做法可取得 7.5%。不過請注意，「以全凱利下注者有三分之一的人可能在賺兩倍之前，先讓資金損失 50%。半凱利則只有九分之一的人可能在賺兩倍以前，損失一半資金。」

凱利公式有更多細節，但我不想在此贅述。它在學界引發了十年以上的辯論馬拉松，若對辯論內容有興趣，不妨閱讀龐士東的著作。此外，麥可‧莫布新在 2006 年的文章〈規模很重要〉（Size Matters）裡也有相關總結與討論，你可以在網路上搜尋到免費閱覽的頁面。

對我來說，對股市參與者的最大障礙是，你不可能對自己的優勢或賠率有任何把握。你只能猜測。

然而，他的概念還是很吸引人。愛德華‧索普（Ed Thorp）運用凱利公式執行自己的對沖基金：普林斯頓新港合夥（Princeton Newport Partners）。自 1974 年開始，該基金近三十年的平均回報率為 19%，並且沒有出現下滑跡象。不過如此的表現究竟是凱利公式還是索普才能的功勞，我們就不得

而知了。

　　索普的例子並不罕見。很多超級投資者似乎都直覺地運用凱利公式。這讓我們再次回到麥特的報告上。以下分享一張麥特精彩簡報。（這些是截至 2014 年底的最新數據資料，以公開文件資料為收集基礎。由於一些限制，這並非了解投資組合的最準確方法。舉例來說，投資者無需透露境外上市股票與其他持倉情況。但該簡報可以讓你大致了解基金管理者在公開股票上的投資集中度。）

　　你將看到幾位知名投資者，而且他們都願意對自己的絕佳點子，豪賭一把。這些投資組合看起來似乎是以凱利公式進行布局。

由凱利公式運作的投資組合？

包普斯特（Baupost）：賽斯·克拉爾曼（Seth Klarman） 以十個部位建造 93％的投資組合 14％是美光科技（Micron Technology） 7％是錢尼爾能源（Cheniere Energy）
ESL 投資（ESL Investments）：愛德華·蘭伯特 四個部位 55％是西爾斯控股（Sears Holdings） 24％是全美汽車租賃公司
海曼（Hayman）：凱爾·巴斯（Kyle Bass） 六個部位 46％是通用汽車（General Motors） 21％是國星按揭控股（Nationstar Mortgage）

帕波萊基金（Pabrai）：莫尼斯·帕波萊（Mohnish Pabrai） 七個部位 24%是馬頭控股（Horsehead） 22%是通用汽車
楓信金融控股：普呂姆·瓦莎 以十個部位建造98%的投資組合 35%是里索魯特森林產品（Resolute Forest） 31%是黑莓公司（Blackberry）
費爾霍姆（Fairholme）：布魯斯·伯可維茲（Bruce Berkowitz） 八個部位 22%是美國銀行（Bank of America） 13%是西爾斯控股
潘興廣場資本管理：比爾·艾克曼 七個部位 40%是愛力根（Allergan） 20%是加拿大太平洋鐵路（Can. Pacific Railway）
羅斯公司（WL Ross & Co）：威爾伯·羅斯（Wilbur Ross） 四個部位 54%是領航控股（Navigator Holdings） 17%是EXCO資源（EXCO Resources）

　　嗯，我現在很懷疑上表人士是否真的有將我先前所提的優勢／賠率公式，代入自己的情況。但是，這有點像是我某次聽見人們對「明尼蘇達胖子隊」（Minnesota Fats，一款撞球遊戲）的分析。遊戲裡的胖子出現在撞球桌旁的時候，他不會用物理公式去算，但是物理學的原理仍在其中發揮作用，物理永遠運行不悖。一切只是恰巧明尼蘇達胖子隊已經藉由經驗內化了物理公式。

這點道理也適用於超級投資者身上。他們本來就很習慣使用優勢與賠率等原則行走江湖。

麥特的簡報凸顯了這點。為了要將回報極大化，你最好跟隨上面某些原則。反之，你也可以從失敗的投資者身上學到反面教訓。普通的對沖基金會持有約一百種股票，沒有一支股票極端重要（也不會持有太久），而且多數基金也只不過是市場的愚蠢模仿物罷了。

如同本章開頭巴菲特所言，不要嘗試做諾亞方舟式的投資。雖然很多優秀的投資者會那麼做，但是我建構投資組合時，盡量會把名單開得短一點，並且專注在我最擅長的概念。如果你真的買到百倍股，你一定會希望自己投注得夠大夠重。

11

股票回購：加速報酬

Stock Buybacks: Accelerate Returns

什麼是「唐堤」（tontine）？

如果你覺得唐堤是種法式糕點，那你猜對了一半。因為這確實是法文，但不是糕點。

事實上，唐堤是種既合法又非法的累積財富的方法。不過，我想先和你介紹一位名叫羅倫佐・唐堤（Lorenzo Tonti）的人，這也是此命名的由來。

想像一下，現在是 1652 年。場景發生在法國的波旁王朝統治時期。國王路易十四在他的寶座上沉思，此刻的法國國庫空空如也。

這時候，法國正與西班牙對戰，路易十四急需銀兩以持續此戰。

他邀請了來自那不勒斯的銀行家羅倫佐・唐堤來到他頹敗的宮廷。唐堤提出一個主意。

唐堤建議，「讓我們邀請人民投資政府營運的資金池，我們會持續從資金池分發利息給人民。但是他們不能轉移或賣掉股分。等他們過世時，也會跟著失去股分。我們再把資格取消。」他瞇起了雙眼，若有所思地撫摸著鬍鬚。

「不過，」唐堤挑起眉毛繼續說道，「我們會承諾，無論剩餘多少股分，政府都會支付相同的金額。因此，隨著每個股東的死亡，剩下的股東從資金池就會獲得越來越多的收益。這種回報會證明對投資者有很大的吸引力，而且將籌集到您尋求的資金。」

國王聽完感到一陣激動。

「當最後一名股東過世時，資金池的資本歸國家所有。」唐堤總結道。國王露出狼一樣的笑容，貪婪地搓著雙手。唐堤的計畫達成了路易十四的目的。然而仔細思考後，任何人都能看出，這個計畫的大贏家將是股分的長期持有者，隨著其他人的死亡，他們會獲得越來越多的利息。

後來，路易十四並沒有接受唐堤的建議執行，但這個想法影響了其他人。

我想如果羅倫佐・唐堤知道現代人如何運用他的想法，內心應該會暗暗竊喜吧。

（有些人懷疑這想法是否真的由唐堤所發明。部分證據顯

示此概念來自古老的義大利計畫，而唐堤只是把這想法帶到法國宮廷的人。）

在今日，唐堤恐怕會是站在執行長們面前慷慨建言的積極型理財顧問，滔滔不絕地推銷聯合養老金的概念。而少數的百倍股持有者會在市場低價時，把握住機會，貪婪地買回自己的股分。

股票回購：現代版唐堤

股票回購值得在本書內保留一整個章節，因為當股票回購成功時，就能起到加速獲利的作用。

回購意味著企業買回自己的股票。當公司買回股票時，其未來獲利、股息與資產，將集中在越來越少的股東手上。

現在有很多公司都會回購。在經濟成長緩慢或無成長的情況下，這種策略正成為每股盈餘成長的重要驅動力。

但實際上，你的確必須減少流通股的數量。

自 1998 年開始，美國前五百大企業已經按值回購了大約四分之一的股票，但實際流通股數目卻有所增長。這是因為他們向貪婪的高管發放了大量激勵計畫的股分。

但是，請不要讓壞例子掩蓋了此概念的智慧。有一些公司的確是最佳實踐典範。

我先前提過的全美汽車租賃公司就是一例。2000 年，愛

德華‧蘭伯特入股，他是個偉大的投資者，很清楚唐堤策略的運作方式。自從他參與全美汽車租賃公司以來，該公司回購了大量的股票，最終，總計 65％的股分成功被收回。

這代表每年僅透過回購，就取回 8.4％的股票。擁有全美汽車租賃公司 5％股分的地平線動力學的史蒂芬‧布雷格曼（Steve Bregman）寫道，「這不管在規模或時間上都是相當不尋常的，我們目睹或參與了在公開市場上緩慢進行的私有化交易。」

這對股票帶來相當好的影響。自從唐堤計畫開始後，全美汽車租賃公司的股票上漲了 520％。以個別年度看來，至少有十三年的報酬率都超過 15％！下頁圖表顯示，過去十年來全美汽車租賃公司股票的表現。你可以看到當流通股數目減少時，股價開始飆升。

與此同時，蘭伯特繼續持有他的股分，他的股分等同膨脹了。在過去的幾年裡，他的股分雖然削減了一點，但仍然擁有近 53％的股票。

另一個持續時間更長的例子是洛茲集團。我相當欣賞蒂施家族的技術與耐心，他們掌控洛茲集團，並掌握最大規模的股分。洛茲集團持續地回購股票。過去四十年來，洛茲家族削減了 70％以上的流通股總數，這有助於讓股票報酬大幅提升。1961 年投資在洛茲集團的每 1 美元，於今天價值約 1,240 美元。

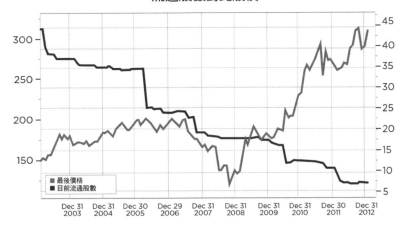

全美汽車租賃公司：現代版唐堤
流通股數對比股價

資料來源：彭博財經（Bloomberg Finance L.P.）

　　在某種程度上，這些公司因失去股東而變得更有價值。這聽起來或許奇怪，但本質上，這就是正在發生的事情。勝利屬於堅持下去的人。

滿足獲利的前提

　　然而，如今這種做法已被濫用，並且過度氾濫。如同2000年巴菲特寫給股東的信提到：

只有在幾種情況下我會建議企業回購股票：首先，該企業

擁有超出近期業務需求的充足資金，這代表有現金與合理的借款能力；其次，依據保守估計，該公司股票市值低於內在價值。

僅有在上述兩條件符合的情況下，巴菲特才樂於支持股票回購。他在 1980 年寫給股東的信提到：

我們必須停下來打個廣告。當投資者們察覺自己所投資的企業以回購股票作為保留盈餘的手段時，往往會大聲叫好。這道理很簡單，**如果一家優秀的企業在市場上以遠低於內在價值的價格出售，那麼以便宜價格徹底擴大股東的利益，自然是最有效、最有利可圖的資本利用。**出於企業收購動作本身的競爭特質，當一間公司購買另一間企業的全部所有權時，通常代表可以收到（超過）全額的款項。但由於證券市場的拍賣性質，經營良好的公司往往有機會以低於透過協商收購另一家擁有相同盈利能力的企業所需的半價，收購其部分業務。

如果執行良好，回購可以加速報酬的複利。

股票回購在過去十多年來才開始變得普遍。因此，對我所研究的分布於 1962 年至 2014 年間的百倍股公司而言，回購並非常見的策略。不過，如同我們在第 8 章所看到的，勤於買回自己股票的投資者們，都得到了驚人的回報。

這是一條隱藏性的線索。當你發現一家公司隨著時間的推移，讓流通股逐漸縮減，並且似乎以高價購回時，你就應該更深入地研究一下，因為你可能已經找到一個潛在的百倍股了。

12

排除競爭者：強大的護城河

Keep Competitors Out

一個真正偉大的企業必須擁有一條經久不衰的「護城河」，以保護投入資本的豐厚回報。

——巴菲特

在絕大多數情況下，一家公司要想成為百倍股企業，需要相當長的時間磨練真正擅長的領域。沒有堅持，就不可能成就百倍股，如同馬丁尼不可能沒有琴酒一樣。

那麼，可以持續經營二十年的企業會顯露出什麼樣的特質呢？

這下，我們得好好談談護城河了。

護城河保護企業免受競爭對手侵害，這是一種持久的競爭

優勢。(菲爾普斯稱之為「門」，而概念是一樣的。)巴菲特推廣了這個想法，相關主題的文獻也非常多。在此，我想特別介紹幾件事，包括成員馬修·貝利（Matthew Berry）尚未公開的研究，他是哥倫比亞大學商學院校友、待過第五巷資本管理公司（Lane Five Capital）。他的研究給了我們明確的答案，或者說至少是我所知最堅實的答案。

當我思考護城河時，我想到了派特·多爾西（Pat Dorsey）。他是晨星證券研究部主任，目前是薩尼貝爾資本投資顧問公司（Sanibel Captiva Investment Advisers）總裁。在投資領域裡，多爾西針對護城河發表過許多著作與演說。

在《護城河投資優勢》（*The Little Book That Builds Wealth*）一書中，多爾西運用比喻解釋為什麼你應該注意護城河，「我們往往願意為耐用的東西，付出更多費用，無論是廚房用具、汽車、房子，擁有較長使用期限的物件多半可以取得更高的價格……這概念在股市中同樣成立。」

能夠長久經營的企業會更具價值，而護城河能確保企業將競爭者排除在外。對比那些沒有護城河的公司，有護城河的公司自然保有較高的報酬。這也代表後者能比對手產生更高的投報率將利潤再投資。如你所見，這是組成百倍股的重要部分之一。

護城河有很多種形式，以下列舉數種：

- **強健的品牌**。蒂芙尼（Tiffany）就有護城河。很多人花大錢只為了買那個藍色盒子，儘管盒子裡的東西在其他地方可能更便宜。奧利奧（Oreo）也是品牌，或許它的價格並不高昂，但它有辦法吸引忠誠客戶一再購買。這就是護城河。

- **轉換成本很高**。多爾西談論銀行時，提到了一個好例子。那就是銀行之間很難有真正的競爭優勢，因為它們的產品幾乎一模一樣。而且在網路時代，分行地點也變得不重要了。但是，只要你觀察數字就會發現，人們多半使用同一銀行帳戶六至七年之久，其中的緣故正是因為換銀行實在太麻煩。以經濟學的術語來說，「轉換成本」過高。這就是護城河。

- **享受網絡效應**。多年來，微軟一直擁有很強大的護城河。每個人都使用它的作業系統，這讓你也會想跟著使用它的作業系統。越多人使用它的產品，其網絡效應就越龐大。請想一想推特、臉書或 Youtube，對競爭者來說，要想攻破網絡護城河真是艱難無比，難度堪比賣出第一台電話。

- **價格比所有人都便宜**。如果你是低價銷售者，例如沃爾瑪，你就有護城河。盈透證券（Interactive Brokers）比其他折扣券商都來得便宜，而且相差甚遠。這也說明了為什麼盈透證券的成長速度是競爭者的兩倍。這就是護

城河。

- **規模最大**。這點來自規模的既有優勢。當你的規模夠大時，絕對擁有足夠優勢將競爭者排除在外。你可以想像一下，要複製一個英特爾或沃爾瑪需要花上多少成本。不過，相對規模也可以是護城河。如果你是小型出租車的主要保險公司，像是阿特拉斯金融（Atlas Financial），你也等同擁有護城河。競爭者很難投資如此的時間與成本，在此利基市場競逐。

前面提到的貝利，他就公司相對於市場的規模，提出了一個有趣的觀點，「想像有一個市場，固定成本相當高昂，而價格卻非常低。想像該價格低到你必須取得 55％的市場才可能打平。那麼，該市場裡能有幾個競爭者呢？一個。兩個、三個都不可能。只能有一個。」

能獲得 55％市場的公司將處於領先地位。它可以將價格保持在剛好夠高的水準，進而成功將其他競爭者拒之門外，並獲得豐厚的回報。貝利指出，「重要的是，你需要占領多少市場才能讓其他人難以競爭。」

護城河的範圍還不僅如此。還有許多其他製造護城河的方式，其中也有些手段相當微妙，一家公司可以通過許多方法製造其他競爭者難以突破的障礙。

無論如何，抽象地討論遠比在現實狀況中明確找到方法更

容易。例如，你很容易就能說服自己蔻馳（Coach）擁有怎樣的護城河。不過它真的需要護城河嗎？此外，競爭者最終會找到攻破所謂護城河的方法。

好產品不代表就有護城河。多爾西以克萊斯勒（Chrysler）多功能休旅車為例，這是市場上第一台銷售極佳的多功能休旅車。不過，不久後競爭者們也紛紛推出自家品牌的多功能休旅車。克萊斯勒無法把價格訂得太高，因為消費者沒有理由捨棄其他品牌，而買高價的克萊斯勒多功能休旅車。克萊斯勒的護城河並不存在。

有些時候，這令人感到矛盾。在多爾西的書裡，他認為卡卡圈坊（Krispy Kreme）就沒有護城河。它們的甜甜圈確實不錯，不過對顧客的選擇來說，也很容易被其他家甜甜圈取代，因此該公司始終沒辦法拉高訂價。不過，仍然有不少人衷愛它們的產品，包括我在內，如果可以選擇，我會買卡卡圈坊的甜甜圈而不是當肯甜甜圈。我不確定它是否真的沒有護城河。如你所見，要辨識出護城河是相當困難的一件事。

另一個例子是，很多人都認為可口可樂有護城河，儘管我們有很多其他飲料選擇。想喝可樂的時候，可口可樂的忠實顧客是不會輕易妥協而改喝其他飲料的。可口可樂的品牌知名度遍布全世界，旗下產品在全世界任何街角買到。可口可樂擁有護城河（或者說「曾經有過」，畢竟我們也有證據證明可口可樂正在失去它的護城河。）

奇波雷連鎖餐廳在十三年內展店五百間，並提供新鮮的墨西哥餐點。投資者莫尼斯・帕波萊寫道，「奇波雷的護城河很牢固。這讓消費者們，包括我，都願意繼續光顧奇波雷，不管排隊人龍有多長。這護城河使得奇波雷賺到極高的利潤。」

所謂「極高的利潤」這句話相當有趣。或許這正說明了護城河的重要性，及其意義。

良好的管理本身並非護城河，這點多爾西有相當詳細的解釋。你大概聽過巴菲特開的玩笑，「當卓越的管理高層遇上聲名狼藉的公司時，只有公司的醜名會留下來。」請記得，這是真的。

如我先前暗示的，護城河也不會永久存在。競爭者們最終會找到出路。帕波萊在《下重注的本事》（*The Dhandho Investor*）裡舉了達美航空（Delta）、捷威（Gateway）與通用汽車為例子，三間公司都曾經擁有堅不可破的護城河，如今已消失不見。其中的一個原因就是管理階層也會犯錯，並且摧毀品牌。新可口可樂（New Coke）也沒有發展得太好。如同我們在先前章節看到的，企業的平均壽命正逐漸縮減。

莫布新談護城河

瑞士信貸集團（Credit Suisse）策略分析師麥可・莫布新也對護城河有深厚研究。他發表了〈衡量護城河：評估價值創

造的規模和可持續性〉（Measuring the Moat: Assessing the Magnitude and Sustainability of Value Creation），一篇總長七十頁的報告，以專文討論護城河（你可以在網路上找到免費瀏覽的頁面。）

莫布新觀察了全球六十八種產業，其樣本數超過五千五百間公司。他發現，在某些產業的企業創造價值能力比較好，優於其他產業。舉例來說，航空公司的產業相對惡劣，紙業與林業產品的領域也相當貧弱。其實，還有個他忘了提，金礦業的資本回報率也相當糟糕。

但是，有些產業似乎就會表現相當優異。通訊器材就是其一。不過，其實無論在什麼領域，都有輸家與贏家。莫布新的觀察是這樣的，

我們觀察到的核心是，即使是最好的產業裡也有破壞價值的公司，而在最差的產業內也有創造價值的公司。部分公司突破了其領域的經濟水準，而讓我們得以觀察創造良好經濟表現的潛在因素。產業並無法決定企業的命運。

這點很重要，因為有些投資者會避免特定產業，例如航空業，畢竟該領域的表現向來不受投資者們的青睞。不過，即便如此，在航空業內仍有許多賺錢獲利的方法。

莫布新建議我們創造產業地圖，並列出該領域所有的參與

企業。以航空業來說，這包括飛機租貸（航空租賃公司）、製造商（波音）、零件提供商（B/E Aerospace）等。這對個人或投資者來說，這工程似乎太過龐大，超出了能力範圍。不過儘管你無法描繪出屬於自己的產業地圖，但這個概念的心智模型也是很有用的。

莫布新的目標是理解該產業的利潤會從哪裡消失，而這也可以讓你更明確知道，該把重心放在哪裡。例如，飛機出租商獲得了不錯的回報，但旅行社和貨運公司的回報率更高。

莫布新的產業分析也顯示，產業的穩定性也是決定護城河持久性的關鍵要素。莫布新寫道，「普遍來講，穩定的產業更有利於可持續性的價值創造。不穩定的產業帶來了巨大的競爭挑戰和機會。」

飲料產業就是很穩定的產業。飲料的風潮改變總是很緩慢。汽水不會因為網路的出現而掉出市場外。但是相比之下，智慧型手機就處於非常不穩定的市場。黑莓手機從市場領導者的地位跌落，也不過花了幾年的時間。由於百倍股需要時間醞釀，莫布新的研究認為，你最好選擇不會受到競爭局勢大幅影響的產業。

然而，我們更常遇到那些生命週期太過短暫的企業。莫布新寫道，

瑞士信貸的研究報告（HOLT®）顯示，僅有不到 50％ 的

上市公司能生存超過十年。我們針對企業動態數據（BDS）所做的分析也指出，企業的生存率極低。最新數據顯示，約有75%的企業可以撐過一年，而僅有45%的企業能存活五年。

　　這讓我們更有理由找出擁有良好護城河的公司，因為確實有其重要性。

　　以上就是護城河理論和歷史經驗。關於護城河我們還可以進行更多討論。作為投資者，我們可以用比較抽象的方式思考。不過，有個分析師找到了實質證據，表明了我們可能要更偏好某類特定公司。.

克服均值回歸

　　本質上看來，護城河正是企業挑戰均值回歸的方法，均值回歸就好比市場內有著巨大的浪潮，讓所有競爭者都推向趨近於平均值。如果你的獲利相當龐大，根據均值回歸理論，長時間下來，你的報酬將下降到趨於平均值。如果你的獲利十分微薄，根據該理論，隨著時間推移，你的獲利也將上升到接近平均值。

　　均值回歸反應了市場的競爭性本質，事實上，人們會一直做出反應、期待並努力賺更多的錢。隨著人們創造新產品、開發新業務，而舊業務隨之停擺，市場自然會不斷洗牌。資金四

處流動，從缺乏前景的領域流出，轉向流入那些值得期待的事業。市場整體競爭的亂局將永遠保持動態。

總之，我們無須解釋均值回歸究竟如何發生。而我們確實可以在數字上看到這個現象。

在此，讓我們看看馬修‧貝利尚未發表的文章〈公司報酬的均值回歸〉（Mean Reversion in Corporate Returns）。他的研究範圍涵蓋 1990 年至 2004 年，長達十五年，樣本包含四千間大型公司，而企業分布地點主要為美國、英國、加拿大、德國、法國、義大利與西班牙。

他寫道，「均值回歸是一個有據可查的現象。均值回歸受到報酬趨勢推動，將報酬推往中數的現象，不過是平均而言大部分公司，並非全然如此。許多公司持續保持高績效，有一些公司始終表現差勁，而有一些則是位置產生了變化。」

噢，這裡有個很有趣的概念。均值回歸不會對所有公司產生同等影響。那麼，那些維持高績效的公司，其中可能有什麼共同點嗎？

貝利所稱的「高績效」公司，代表持續擁有高投入資本回報率的公司。他觀察的是一家公司的稅前利潤與平均資本之比。他還分解其中結構，研究投入資本回報率的各種驅動因素，例如成長率、利潤等。

儘管許多變量非常不穩定，但均值確實會回歸，不過貝利發現毛利率「出人意料地具有彈性，而且對衰退率沒有實質影

響」。

貝利進行了多種測試。不過，在此我只想呈現主要論點。貝利寫道，「對長期表現而言，高毛利率是最關鍵的單一因素。毛利率的彈性把公司與績效水平掛鉤。規模和業績歷史記錄也可作為有用的指標。」

所謂的掛鉤，代表著如果公司一開始的毛利率相當高，那麼其表現通常會繼續持守。相反的，如果一開始的毛利率極低，那麼接下來的績效往往也將維持相同低水平。以統計術語來看，毛利率具持續性。

貝利認為，毛利率是一個絕佳的指標，說明了相對於提供商品所需的投入成本，人們願意支付的價格。它是衡量產品為客戶增加價值的指標。並非每家公司都有超高的毛利率，「亞馬遜表現相當平庸，」貝利在給我的一封電子郵件中表示，「但很明顯的，附加的價值在於選擇和便利，而不是商品本身（這些東西其實隨處可見）。但是，如果你看不到公司在其商業模式中如何或在何處為客戶增加價值，那麼就可以非常確定它不會是百倍股。除非它直接挖到了油田！」

貝利的研究還提供了其他幾種觀察面向。首先，要知道毛利率和營業利益率之間的差異通常被稱為一般管銷費用，也就是，用於銷售、一般事務與行政管理費用。

上述營業費用都具有波動性。當表現較差的公司提升表現後，你通常可以在一般銷管費用看見改進跡象。換句話說，如

果毛利率具有黏性和持久性，那麼最有可能翻轉現狀的企業，應該是具有高毛利率與低營業利益率的公司，而後者將比前者更容易修正。

大公司傾向鞏固自己的優勢。「大公司會藉由在一般管銷費用中找出可改進的部分，以維持高報酬率，但小公司常無法做到這點。」貝利如此寫道。

最後，高績效的歷史紀錄是有用的指標。贏家往往會繼續贏下去。這滿有道理的，畢竟表現優異者通常擁有極佳的競爭優勢，而如此的優勢很少會「瞬間蒸發」。

我很難公正評論貝利強大的文章與其論述。但我只想針對護城河做結論，這會對尋找百倍股有所幫助。

我想這麼總結：能擁有護城河固然很棒，不過真正的護城河極少存在，而且也有辨識上的困難。但是，你必須觀察一個企業是否有明確的護城河存在，如果跡象不明朗，那麼你很可能只是在自欺欺人。如果你找到了護城河，那麼最好也在該公司財務報表上找到堅實證據。整體來說，從競爭層面而言，毛利率越高越好。

13
百倍股的贏家心理

Miscellaneous Mentation on 100-Baggers

詹姆斯・瑟伯（James Thurber）的著作《讓你的思考獨處》（*Let Your Mind Alone!*）裡面有一章叫做「各式各樣的心理狀態」，可以解釋本章的重點。他是這麼說的，

翻閱近日讀過幾本關於心理技巧的書時，我發現有好幾個相當有挑戰性的段落被我用鉛筆注記，但我卻無法在接下來的章節找到合適的地方安置。因此我決定把這些散落的筆記整理在此，並依照先後順序排列。

我也想將此章稱為這本書「各式各樣的心理狀態」。因為這些內容很難納進其他章節，所以我將它們整理在此，並且不

依照重要順序排列。我欣賞菲爾普斯著作的其中一個原因就是，他把大量不同資料來源與經驗底下的投資智慧整理得相當清晰。

對我來說，一本關於百倍股的書也應當如此。因為很多的資料搜尋工作都相當著重性質，而非有公式可依循。此外，要實現百倍股回報意味著你必須接受某種思維心態。

如果對百倍股有興趣，這代表你不在乎聯準會的動作。這意味著你買一支股票不是因為你喜歡它的報表（下一個月的報表會給你完全不同的訊息），這些事都只會讓人分心。投資百倍股代表你必須穩紮穩打，而且保持如不動明王之姿。

在這個章節，我將分享許多投資概念，幫助你建立適合百倍股的心態。

不要追逐回報

對選股者來說，2014 年是最惡劣的時光。但是，很多人都想錯了。如果你也搞錯重點了，那長遠來看，你會虧損鉅額資本，特別是如果你讓這想法阻礙自己尋找百倍股。

首先，關於 2014 年我們掌握了如下證據：

- 美國銀行所屬美林證券（Merrill Lynch）研究顯示，當年只有不到 20％ 的主動型經理人領先於市場，這是十

多年來最糟糕的表現。

- 《霸榮周刊》的比爾・艾爾普特（Bill Alpert）表示，「積極選股的基金經理中，只有不到 15％的人超越他們的基準指標。」
- 賓州大學的鄧尼斯・格魯什科夫（Denys Glushkov）表示，截至 9 月 30 日，投資於大型美國股票（例如標普 500 指數成分股）的所有共同基金中，只有 9.3％領先指數。之前的低點是 1995 年的 12.9％，過去二十五年的平均則為 38.6％。

格魯什科夫表示，「2014 年絕對是會寫入紀錄的一年。自 1989 年以來，2014 年是主動型基金經理人（投資策略與指數型基金相反）在扣除管理費後，相較於指數，這是表現得最差的一年。」

這是真的。

在此前例之下，人們開始把資金投入到被動型基金裡，例如標普指數型基金。眾所周知，選股者永遠無法打敗市場，因為他們收取管理費。儘管如此，該年仍是一場史詩般的潰敗。

對於事情為何如此發展，早已有無數討論。我無意回應，畢竟所有的討論皆是猜測。但是，即便我們知道原因，也不等於我們能預測未來事情將會如何變化。

因此，我的建議是：不要追逐回報，否則時間一久，你將

會耗損相當大的金錢與成本。

很多人不會這麼做。多數人都追求回報。舉例來說，達霸（Dalbar）有一篇我相當激賞的報導，該報導指出，在其研究期間內，共同基金平均年報酬率為 13.8％。然而，擁有上述基金的投資者平均獲利僅有 7％。為什麼呢？

因為他們會在基金表現拙劣時賣出，並在基金表現優異時，重新買入。投資者做的事就是一直追逐獲利。

我最喜愛的例子是肯·海布納爾（Ken Heebner）的 CGM Focus Fund。那支基金是 2000 年至 2010 年之間表現最佳的基金，年化報酬率達 18％。然而，投資該基金的普通投資者的年報酬率僅有 11％。道理仍舊一樣，這正是普通投資者追漲殺跌策略所造成的後果。

我曾在自己的首本著作《像大戶一樣投資》（*Invest like a Dealmaker*）談論過此事。當時我給的建議和現在一樣。為了讓讀者們更了解我的建議，讓我們來看看當《霸榮周刊》詢問帕波萊同樣問題，他是怎麼回答的。

在過去十年裡，帕波萊的基金年化報酬率近乎 10％，超越標普指數約 1.5 個百分點。但是，今年他落後該指數許多，《霸榮周刊》的報導如下：

當被問及不佳表現時，帕波萊回答，「我認為這數據點根本不重要。對於十個月內的表現，我們實在無須深度討論。**我**

絕對不會在進行投資時，思考該標的在幾個月內甚至一年內的
表現。」

　　我們活在二十四小時不間斷的媒體時代，這代表每分每秒
都有人急於發表自己的意見。但是大多數時候，根本沒有值得
我們聆聽的見解。

　　因此，我們不斷收到關於股票、黃金、基金等投資商品的
每日分析資訊。那都是毫無意義的胡言亂語。我認同帕波萊，
對於如此短期的報酬表現，真的沒什麼值得討論的。

　　事實上，我還想更進一步說，我認為你絕對不該拿自己的
表現與標普 500 指數相比，或其他更大的市場指數。

　　我最欣賞的投資者之一，馬汀‧惠特曼（Martin Whitman）
是這麼說的：

　　有些經濟學家強烈認為專業基金管理者的目標就是打敗大
盤。無論是單一個人或整體表現，如果基金經理人無法達成此
目標時，這就代表他們毫無用處……**我只能說如此的觀點實在
相當業餘。**

　　上面的敘述引自《現代證券分析》（*Modern Security
Analysis*）的惠特曼與費爾南多‧迪茲（Fernando Diz）。我相
當欣賞惠特曼看待事情的角度，多年來，他深刻著影響我如何

思考投資。

　　惠特曼之所以如此蔑視打敗大盤的觀點，原因是這些基金經理人有不同的目標和職責。管理捐贈基金的經理人可能會以安全和收入為目標，而不是資本利得。因此，如果這樣的基金管理者以相當保守的方式建構投資組合，並積極累積股息，達成9％的回報，那麼我們因為他落後於標普指數而批評此基金，真的毫無道理可言啊。

　　除此之外，誰在乎一年內的表現啊？

　　你必須持續在場內，這打的是長期戰。有些投資策略與投資人能藉由一段很長時間內累積的穩定獲利打敗市場。但重點是，他們很少能一直打敗市場。

　　最好的投資者約有30％到40％的時間落後於市場。正如巴頓・畢格斯在分析了超級投資者的出色回報後曾寫道：「沒有人能永遠跑贏標普500指數，可能是因為他們根本不認為這是主要目標。」

　　正如我所說，長時間而言，有很多方法可以擊敗市場。但這些方法中沒有任何方法能永遠戰勝市場。即使是最好的投資法也會有落後的時刻。但是，作為個人投資者，你最大的優勢，就是忽略對標準表現的追求。

　　在查看年度投資結果後、想要重新調整投資組合之前，請記住：不要追求報酬！ 不要用標普500指數或任何其他指數來衡量自己的績效。你只需專注於嘗試購買正確標的，並堅持

下去。

不要覺得無聊

人們非常怕無聊。

——拉烏爾·范內格姆（Raoul Vaneigem）
《日常生活的革命》（*The Revolution of Everyday Life*）

某日我和一位朋友吃午餐，聊到了蘇格蘭獨立公投（蘇格蘭人民最終選擇不要從英國獨立出來）。

朋友突然想到了一個投下贊同票的原因，「他們很無聊！他們只希望有點事發生而已。」

我越想越覺得這番話似乎有點道理。無聊可以是很多事的背後原因，有很多金融行為都因無聊而起。而在市場中，我們絕對能利用「無聊套利」。

以下是我對無聊所做的搞笑式研究。

首先，讓我們從頭開始。「無聊」（boredom）發明自 1768 年，好吧，我說的不是無聊這個概念，而是這個字首先出現在英文出版品的時間。接著，翻開我的牛津英文辭典（沒錯，我擁有整套二十卷的牛津英文辭典！），上面是如此定義無聊的：「因為談話乏味而沒有興趣，或是興致缺缺。」

很有趣的是，辭典的第一個例句來自一位英國人的信件，

他向其他英國人抱怨法國佬:「我同情那些新市場的朋友,他們會被法國佬煩死。」

而將無聊視為一種狀態的時間則出現的很晚。1852 年,狄更斯在《荒涼山莊》(*Bleak House*)中使用了「病態的無聊」。

作家湯姆・霍金森(Tom Hodgkinson)應該很認同狄更斯。在他的《自由宣言》(*The Freedom Manifesto*)中,他用了整整一個章節談論「無聊」。他這麼寫道,「如果現代科技擁有足夠的細膩與複雜性,那麼我敢保證,無聊將被視為當代社會的致命殺手……如果有天證明無聊會致癌,我完全不會感到意外。」

以適當、輕鬆的心情閱讀霍金森的書,會帶來很棒而且有趣的體驗。他討論了現代社會裡造成無聊的一切,特別是工作。

有太多技術性的無聊工作只需你「稍微保持低度專注,以免睡著,但又不夠複雜到讓你進入思考的狀態」。也因此,無聊感向所有人類湧來。人們都很無聊。他們想盡一切辦法,消除無聊感。他們活得像個白癡。他們穿著打扮得傻裡傻氣。任何可以消除無聊的方法都願意試試看,甚至會出現自毀的行徑。

在金融市場裡,很多人只因為無聊而做出摧毀投資組合的舉動。為什麼會有人要投資股價只有 70 美分的小型礦業公司

呢？就算它們幾乎沒有任何獲利能力的可能，也沒關係？為什麼要追逐被大肆炒作的生物技術公司呢？這些公司的前景異常脆弱，而且股價處於相當詭異荒謬的水平啊。

答案就是，大家很無聊啊！

用這種方式賠錢似乎很令人興奮。這跟去賭場差不多（而且跟賭場一樣，賠率剛好設在老顧客願意繼續回頭光顧的門檻）。人們渴望有點行動。

為什麼人們不斷買進賣出？他們為何就不能買支股票，並好好放個幾年？（很多人做不到。）為什麼很多人不願意嘗試經過時間淬煉的致富方法？你已經猜到我的答案了吧？

多數人喜歡做些蠢事毀掉自己的投資組合，純粹是因為他們很無聊。人們總覺得自己要做些什麼。這裡我實在想引用布萊茲・帕斯卡（Blaise Pascal）的名句，「眾生的痛苦都來自不能安靜地獨自在房裡好好坐著。」

我當然也會無聊，但打發無聊的方法不同。舉例來說，我實在無法理解為什麼有那麼多人時時刻刻關注聯準會的舉動，不管是新聞同僚或媒體業的朋友都是如此。這實在令人難以相信。他們不無聊嗎？還是他們這樣做只是為了排解無聊？

我對聯準會真的感到太厭倦了。無聊乏味。好消息是，對於投資者而言，聯準會沒有任何重要性。巴菲特自己都曾經說過，「就算聯準會主席艾倫・葛林斯潘（Alan Greenspan）悄悄告訴我，他未來兩年會有什麼動作，那也不會改變我的任何做

法。」

　　我知道每天都會有人寫些關於量化寬鬆、利率或美元走勢的報導。他們基本上都重複著相同的基調，「一旦量化寬鬆停止，股票就會下跌。」「美元要崩潰了。」「當利率上升，股票就會下跌。」我的天啊，除此之外，還會有任何新的觀點嗎？你還能看一樣的報導幾年？

　　這就是一鍋永遠煮不爛的湯，一再反覆加熱，就愛熱給讀者喝。

　　這也是我去旅行的部分原因。這樣我就不必照抄聯準會本週的發言，也不必胡謅我在腦海中勾勒出的一些亂七八糟的宏觀場景。相反，我可以寫下眼前所見——在希臘俯瞰令人驚嘆的懸崖和深藍色的海水。或者，在德國的千年歷史啤酒廠裡，坐在橡樹下的長木桌旁喝啤酒。這些事可有趣了，一點也不無聊！

　　但認真來講，這些至少與現實有關。作為投資類作家，我會渴望發掘新的、不同的、有趣的主題寫作。你不需要我重述報紙內容吧，也不需要我加入嘈雜的大合唱吧。

　　事實上，運用噪音也是很簡單的套利行為。有時候，你會聽到（聰明）人討論時間套利。這概念意指多數投資者無法進行超過一年或兩年的觀察，他們只專注於當下。因此，依照時間套利概念，你該觀察股票一整年的週期，並選出一些當下處於相對低價的股票，因為很多人根本無法想到超過當季或兩、

三季後的事。

　　同樣的套利也會因無聊而存在。人們對長時間抱著同一支股票感到厭煩——尤其是如果它的波動不大。當他們看到其他耀眼的股票從身邊飛掠而過，那感覺實在無法忍受。所以他們追逐任何移動的標靶，並陷入困境。

　　知名基金管理人拉爾夫・萬格（Ralph Wanger）曾說過，「投資者喜歡在價格揚升時買更多龍蝦。」很怪吧，在其他領域裡你不會有如此行為。通常加油、買洗衣機或汽車時，你都會想等到打折時再買。當然，你也不會因為價格下跌，就想賣掉房子、高爾夫會員證或是球鞋。

　　談到萬格，他寫過一本投資書《獅群中的斑馬》（*A Zebra in Lion Country*），出版於 1997 年。我相當推薦這本書，精彩而且有趣。他在書裡也談到了無聊套利，「通常，市場會為那些人們津津樂道又倍感故事趣味的股票，支付出額外的娛樂稅。而無聊股就會因此打折售出。請你買多一點，打平你在高科技股上頭的損失。」

　　那本書寫於 1997 年，而科技股泡沫在 2000 年轟然破滅。當然，萬格的建議無庸置疑。（2005 年我曾在芝加哥到他的辦公室會面。他為人相當慷慨，花了兩小時和我交流對談，分享他的智慧。）今日，市場似乎只偏好新奇的科技股、生物科技股、社交媒體股與特斯拉，而對其他的股票都興致缺缺。

　　不管如何，如果你找到擊退無聊的方法，並且停止攻擊你

的投資組合，你的報酬絕對會相當可觀。

你只要專注於真正的獎勵就好，百倍股的回報可一點都不無聊。

不要被詐騙給迷惑了：避開騙局

如果有人心底產生了懷疑，但他已經被捲入事件之中，他往往會掩蓋掉自己的質疑。這錯誤我也常犯。我試著什麼都不說，也什麼都不要去想。

——赫爾曼‧梅爾維爾（Herman Melville），《白鯨記》

我聽過卡森‧布拉克（Carson Block）在價值投資年會（Value Investing Congress）的精彩演說。

如果你沒聽過這號人物，以下簡介，布拉克是渾水研究（Muddy Waters Research）的創辦人，也是賣空者。他最出名的一事為在 2011 年打敗嘉漢林業（Sino-Forest）。

卡森的報告聲稱嘉漢林業欺詐，其股票根本毫無價值，而他的說法有相當令人信服的研究予以作證。在布拉克報告後，嘉漢林業的股價掉了 89％，連帶有不少超級投資者深受其害。曾在 2007 年次貸市場危機時大賺 10 億美元的約翰‧保爾森（John Paulson），也因為嘉漢林業賠了 7 億美元。

布拉克是個超級偵探。每當他的報告公布時，目標公司的

價格就會跟著暴落。他讓惡人在夜晚難眠。

然而，布拉克認為我們生活在一個「貪婪的時代」。為了換取金錢，人們強烈願意放棄誠信，強度可說是前所未有。

「貪婪和短期思維比以往任何時候都更加氾濫。」布拉克說。雖然這點很難證明，不過當市場位於高點時，毫無疑問地，那些狡猾奸詐之徒一定會走出家門，想辦法從自滿的投資客身上撈取一些油水。

布拉克的報告說明了這個系統對投資者不利的種種方式。讓我們來好好理解一下。

關於管理

「導致投資者失敗的第一個要素是管理。」布拉克說。當然，管理團隊有好有壞。但概括而言，布拉克認為激勵措施通常是短期的，並且鼓勵冒險性的投注。

通常執行長們本身都很有魅力。「這也是他們能領導組織的緣故，」布拉克表示，「而我們很容易被這些執行長所吸引。」

他提醒我們，安隆（Enron）的前執行長安德魯‧法斯托（Andrew Fastow）在醜聞爆發前一年還獲得《財務長雜誌》（*CFO Magazine*）所頒發的「一九九九年卓越表現獎」。如你所知，安隆本身就是個巨大的詐欺騙局。

布拉克表示，當執行長越成功、擁有越多獎項與公眾青

昧，就越難承認錯誤。法斯托自己都這麼說，他引用《白鯨記》的名言來解釋這個現象，也就是我們在章節之首所節錄的句子，那是法斯托在監獄裡讀的書。

「那些圍繞在資深執行長旁邊的人，都有極大可能成為保護圈。」布拉克表示。而這也讓錯誤與騙局更難被洞悉。

那我們該怎麼辦呢？

布拉克有個不錯的建議。「管理本身很容易觀察。首先你要做點功課，你得先做功課，再找管理階層談談。如果我先跟高層碰面、並對他們有好感了，那實在很容易混淆我的判斷。」這是很重要的坦誠之言，即便是布拉克自己也無法抗拒管理高層人士的魅力。

以下是他的建議：

- 閱讀電話會議的逐字稿會比直接聽他們說更好。
- 一次閱讀多個季度的報告，並尋找突然消失的主動性計畫、說詞的變化。
- 問題有被迴避嗎？有哪些問題被迴避了。布拉克說，「有時候他們不斷仰賴某些人士，並和他們保持融洽關係。你知道，這就像是打給夥伴說，『這季度也很棒吧！』『沒錯，謝謝麥可。』如果稿子聽起來像這種感覺，也沒有任何尖銳問題，那很可能是一場精心安排後的設局。」

總而言之，「你最好和管理階層保持點距離。」

關於董事會

董事會本該代表股東，但其實不然。正如布拉克所說，董事會與執行長之間存在著共生關係。董事會成員通常將他們的董事職位視為一種福利，而不是責任。保險和其他保護措施讓董事會免於承擔責任。

此外，針對不當行為所開啟的董事會調查也相當不可靠。布拉克說，當董事會必須調查某事時，這就像要求他們討論自己的無能一樣，完全無法信賴。

關於律師

律師「讓投資者更難做出好的判斷」。他們代表客戶的利益，而客戶正是付錢給他們的人，而非投資人。

「知名的律師事務所是相當有效的遮羞布。」布拉克表示。他們善於撰寫艱澀的文章，並且利用律師與委託人之間的保密特權「隱藏了無數不法的企業操作」。

這代表，別因為企業有個知名的律師事務所，就被愚弄了。

關於審計員

「我們常誤會審計員。」布拉克說。同樣的，審計員代表

的是客戶的利益，也就是付錢給他們的人。我總是記得一句老話，「誰給我麵包吃，我就為誰歌唱。」

布拉克認為，審計根本就是為獎勵失敗而生的職業。消極被動的審計往往能讓審計員得到終生僱用，因為企業相當害怕遭到訴訟，並希望審計員可以協助自己處理混亂殘局。

此外，布拉克說，「會計正是抵擋問責制與透明度的工作。他們（大型審計公司）頻繁阻撓訊息的公開。他們不願透過審計提供投資者更好的明窗。」

他提醒我們審計絕非「合格證明」，也無法偵查到詐欺的存在。事實上，布拉克說，在嘉漢林業的案子裡，安永會計師事務所（Ernst & Young）才是嘉漢林業最好的朋友。他分享了安永所寫的一份資訊揭露報告：「大部分銷售立木的應收帳款，透過指示債務人清償立木應付款項與其他以人民幣計價的負債而變現。」

不覺得有點饒舌嗎？

布拉克為我們進行翻譯：這代表該公司從未取得款項。換句話說，「上市的十六年來，財報上的毛利有95％從未進過公司的銀行帳戶！」

混亂、難以理解的資訊揭露，或許也是投資者該遠離的警訊。

投資銀行

很明顯的，投資銀行為了得到績效獎勵，有充分動力出售金融商品，例如股票、債券等。他們並不在乎你的獲利。

如果你還不清楚狀況，那麼你聽好：不要去研究投資銀行與證券經紀商給你的投資建議。

市場研究公司

這點很有趣，你會常常看到他們引用弗若斯特和沙利文（Frost & Sullivan）或艾瑞諮詢（iRearch）所做的「市場研究」報告。布拉克表示，銀行熱愛雇用這些公司，以此獲得想要的報告。所謂的市場研究，只是用來增加管理公司聲明的合法性，而並非為了幫助你做出正確的決定。

不要相信市場研究。請你仰賴更客觀的資訊來源，例如實際銷售數據與趨勢變化。

中國

布拉克將中國獨自列為一因素，布拉克的台詞寫得很棒，「中國之於股票詐欺，等同矽谷之於科技。」他認為投資者對中國的詐欺風險過於輕忽。他指出，「從來沒有任何中國的詐騙者因欺騙北美投資者，而受到具有實質意義的懲罰。」

菲爾普斯在其書中寫道，一個移往海外的投資者往往只是

把看得見的風險替換成看不見的風險。投資很難。在國外市場投資更難。

預防騙局的措施

不管在哪裡都會有受到欺騙的風險。大多數的資深投資者都有受騙的經驗，雖然受騙程度可能比嘉漢林業更小。

不過，重點是我們必須仔細分辨出其中的差異。市場有偏見，也有欺騙的謊言。市場上總會有推銷，也存在詐欺的騙局。幾乎所有的管理團隊都希望向投資者呈現正面形象，但我們知道這與真正的詐騙不同。

你可以運用許多方法防範大規模的騙局與欺詐高手。

首先，我認為最好的方式就是投資管理者也持有大量股票的標的。在美國，這是防止欺詐的良好保障。不過，這遠遠不足夠，例如許多在中國欺詐案件中，也常見內部人士握有很大比例的股票。

再來，你必須與有成功歷史的人合作。如果你合作的對象擁有良好的成功紀錄，那麼你遇上嘉漢林業騙局的可能性就小了許多。

第三，請遠離可疑的活動。有些公司的舉動時常令人費解，如果你不理解他們如何獲利，那麼看到類似嘉漢林業的公司，就趕快逃跑吧！

最後，不管你所屬是何種市場，請避免熱門領域。生物科技很紅，也難怪出現了許多轉眼即逝的產品，那正是推銷員與狡猾的騙徒期望獲取最大利益的機會，這樣的商品自然充滿詐騙風險。

同上，請避開那些與「社交媒體」或「雲端運算」有關的流行詞與交易，並小心各種針對投資者火熱渴求而起的公司。

別忘了，不久前人們都在尋找投資房產復甦的方法。接著，就在一瞬間，不動產投資信託基金開始大行其道。務必當心，就算它們不是詐欺，但也絕非良好的投資機會。

每當談到欺詐，我就會想起菲爾普斯的老話，他在討論股票操控的章節說道，「在非洲，沒有羚羊的地方就不會有獅子。」

如果你謹慎行事，就可以避免自己成為獵物。

忽略那些預測大師

對很多人來說，投資真的很難，因為他們總是以為自己可以信任專家之言。但在市場內，所謂的專家犯了太多可怕的錯誤。然而，如果你仔細地觀察他們過往的犯錯經驗，就可以從人類的愚蠢行為中，提煉出一套可靠的投資方法。

我們以盈利預測為例。當華爾街分析師發表特定股票的盈利預測時，投資者往往會整合大家的判斷，並達到「共識」。

當盈利結果出現時，媒體會談論特定公司如何超越或落後於預期。好的表現可以讓股票強勁上揚，而失誤則可致使該股暴跌。

許多投資者像老鷹一樣緊盯著這些估值，並依賴這些數字來做出買賣的決定。問題是這些估值經常是錯誤的，而且誤差很大。有一份大型研究涵蓋了二十多年來將近九萬五千多份共識估值，結果發現，平均估值結果誤差超過 40%！

大衛·卓曼（David Dreman）在他的《逆向投資策略》（*Contrarian Investment Strategies*）一書中寫到了這點，他在深入挖掘後，發現分析師在決策與判斷上會持續犯一個錯誤：他們太樂觀了。

彙整以上資訊，你很快就可以理解到，要擁有一支不會突然出現負收益的股票機率實在很小。事實上，一檔股票要在四個季度內都沒有出現獲利低於預期 10% 以上的衝擊，這樣的機會只有四分之一。

我並非只針對分析師。事實上，人類的本性相當樂觀，至少多數人都如此。在演化的過程中，樂觀乃致勝的原因之一，而我們必須在投資的過程中對過度樂觀的態度保持警覺。

為了說明自己的論點，卓曼附上了一張圖表，顯示一段時間內分析師對利率的一致預測。其中一項發現相當突出，人們傾向認為未來將與現在狀況相當接近。然而，現實情況會更為劇烈、不穩定，預測者們要面臨許多意外與變數。

因此，我們必須避免預測者們的干擾。

傑森・茲威格（Jason Zweig）與羅德尼・蘇利文（Rodney Sullivan）近來出版了班傑明・葛拉漢的隨筆與演講合集，書名為《班傑明・葛拉漢：建立專業》（*Benjamin Graham: Building a Profession*）。葛拉漢往往被稱為證券分析之父。而此書的書名來自亞當・斯密（Adam Smith）的玩笑話，亞當・斯密是評論者喬治・古德曼（George Goodman）的化名。他寫道，「葛拉漢之所以被稱為證券分析之父，是因為在他之前證券分析根本還不是一個職業，所以他就得到了這個榮譽稱號。」

當我閱讀這本書時，想起自己曾在其他地方讀過相似的內容，有個主題的觀點隱隱浮現，而且今日的我們都應該謹記在心。談到金融界時，特別是分析師、經濟學家、投資專家等等，葛拉漢提出了這樣的批評：「他們傾向於把市場和自己看得太重。他們花費許多時間拼命又無效地進行自己根本不擅長的工作。」

哪種工作呢？葛拉漢表示，「預測經濟長期或短期的變化，以及普通股的價格。」

全球資金管理波士頓投資公司（GMO）的詹姆斯・蒙蒂爾（James Montier）強調經濟學家的預測慘不忍睹，他總結道，

根據經濟預測進行投資是一種極端愚蠢的行為，任何時候

都是如此。當他們預測未來時，經濟學家可能是唯一能讓星座專家看起來很專業的人……他們錯過了過去四十年來的每一次衰退！經濟學家無法預測的不僅僅是經濟成長，還有通貨膨脹、債券收益率，以及幾乎所有的經濟表現。

他分享了一張圖表，該圖表呈現出 GDP 的共識預測與實際表現。看過此表，你會很快就得到結論。你是否也同意我的論點呢？

經濟學家是盲眼老鼠

請注意，共識預測永遠不會太過極端，通常會徘徊在中間地帶。而同樣的錯誤也出現在其他類型的預測上，包括每股盈餘與市場價格。當然，問題在於讓你賠錢的時間點正是那些極

端表現。基本上來講，不管正確與否，共識預測根本不值得浪費我們的時間。

	共識預測	非共識預測
精準	平均回報	高於平均的回報
不精準	平均回報	低於平均的回報

最後，橡樹資本（Oaktree Capital）的霍華・馬克斯（Howard Marks）表列出如上結果，讓事情一目了然，顯示出人們在不同預測類型下，不管其準確如何，所得報酬的結果。

馬克斯寫道，「只有在正確的非共識預測下，才能得到極端良好的獲利表現。」馬克斯用 1978 年的利率作為例子，當時利率為 8％，多數人認為利率會維持這個數字。而看多的則認為會往上走到 9％，看空的認為會掉至 7％。馬克斯表示，「大多數時候，利率會在那個範圍內浮動，沒有人可以賺什麼大錢。只有預測長期債券收益率為 15％的人獲得了巨額利潤。但那些人是誰？極端的預測很少是正確的，但它們才能讓你賺大錢。」

巴菲特是葛拉漢旗下最偉大的門生，他向來不理會預測。在 1994 年的股東信中，他表示葛拉漢的做法深刻地影響了自己：

我們會繼續忽視政治與經濟相關預測，因為對許多投資者

與經商者而言，那些分散的注意力會是相當昂貴的成本。三十年前，沒有人會預料越戰大規模擴張、工資和價格控制、兩次石油衝擊、總統辭職、蘇聯解體、道瓊指數單日暴跌 508 點；也沒有人猜到國庫券殖利率在 2.8％至 17.4％之間波動……但令人驚訝的是，沒有一件事對葛拉漢的投資原則造成絲毫的影響。

我經常聽到世界各地的專家和投資者對股市及其走勢大發議論，我相信你也常聽到。我還注意到，有很多人認真對待股市預測。我沒辦法鼓勵所有人都停止猜測，這恐怕是做不到的。

不過，我建議對這些意見保持輕鬆、但謙遜的態度。畢竟，在 2009 年 3 月，有多少人猜到市場會在不到兩年的時間內回升 80％？我相信不是很多吧。然而，這確實發生了。正如也沒有人能夠預測墨西哥灣漏油事故。

在投資生涯中，不管是好是壞，總會發生沒人能預料到的事情。與其玩猜謎遊戲，不如專注於在眼前的機會。

而在市場裡，永遠都會有機會。是的，這是恆久不變的道理。

葛拉漢指出，1976 年時，有超過五千種公開交易的證券。（現在的數字大約是 3 倍多，特別是如果你納入國際市場。）他表示，「不管運用哪種方式或偏好概念，個人投資者應該至

少能從清單中找到 1% 具有購買吸引力的標的，也就是大約三十種或更多……」

沒錯。如果有人跟我說，他無法在市場內找到任何值得投資的股票，我總認為他們不夠認真。今天，有超過一萬種證券，就算只要 1% 名單的一半，你也有五十間公司的選擇吧。這足夠讓你好好想仔細了，不是嗎？

寫了十年多的投資文章，我學到什麼……

我從 2004 年 2 月開始寫專業時事通訊的文章。在此之前，我是自由接案作家、投資愛好者與專業銀行家（準確點說，是處理企業貸款的人）。邁過十年大關後，我認為那正是回顧投資成果的好時機。因此，我經由獨立客觀的驗證，取得了這些年文章的追蹤紀錄結果。

結果顯示平均回報率為 28%，即年化報酬率 16%。成果出奇的好，但我是怎麼辦到的呢？我可以分享一些我在困難重重的投資路上所學到的奇怪觀點，有些事你恐怕想都沒有想過。

索斯洛夫原則（Sosnoff's law）

這法則來自 1975 年出版的《在華爾街保持謙卑》（*Humble on Wall Street*），一直到今天，此書仍是描述投資體驗最好的

作品之一。作者馬丁・索斯洛夫表示,「一支股票的研究檔案厚度往往與其價格成反比。越麻煩、跌幅越大的股票,研究文章通常最厚最大量。而表現良好的股票文件只需要薄薄一疊,即可證明少數人的眼光精湛純粹。」

換句話說,最好的點子,往往是最簡單的。如果我發現,我得費盡心力才能找到買一檔股票的理由,那我就會回想一下索斯洛夫原則。我曾經花了無數的時間研究爛股票和爛企業。

許多偉大的投資者都視此為真理。(我想到彼得・林區說過,「千萬不要投資你無法用三言兩語完整形容的公司。」)簡單才是最棒的。

請小心「固著的想法」

德國哲學家麥克斯・施蒂納(Max Stirner)曾在 1845 年推出重磅巨作《唯一者及其所有物》(*The Ego and His Own*),這本書相當艱澀,但概念十分強大。施蒂納認為,人們不擁有想法。相反的,是想法擁有了他們。「固著的想法」支配了人們的心思。

施蒂納寫道,「唯有你無須無時無刻擔憂死亡的來臨時,你才可能擁有絕對真實的想法。」他很期待自己的想法被檢驗並反駁,「我會微笑地期待爭辯的結果,我會把盾牌放在代表我的思想與信仰的屍體上,當我被擊倒時,也會微笑著慶祝勝利。這就是有趣的地方。」

在市場裡，我們看到不少人存有固著的想法。例如有人永遠推崇黃金，不管今夕是何夕，他們永遠等待市場崩盤，並痴迷聯準會與過世經濟學家的理論，他們總預期美元會崩盤。他們永遠不會改變自己的主意。

我自己也是受過一番折磨後，才聽進施蒂納的話。我不再緊抱那些執著的思維。對我而言，改變自己的想法並不困難。事實上，我迫不及待，很積極地期待能推翻自己的理論與想法。

請對抽象的概念保持懷疑

在這裡我引用了另一個聖人的名言，抽著玉米芯菸斗、蓬頭垢面的保羅‧古德曼（Paul Goodman）。他寫道，「我無法進行抽象思考，我從具體經驗開始。」他似乎有點過火了，由於他只著眼於具體經驗，因此他「寫不出真正的小說」。

然而，人們總是熱愛偉大的點子，例如，新經濟、油峰（peak oil）、中國世紀、大緩和（Great Moderation）。這些都是預測世界將有何面貌的抽象概念，但是它們並非具體經驗，而且還很有可能讓你誤判。上述我所提到的每個偉大概念都曾經讓投資者誤判。

約翰‧特雷恩（John Train）曾寫過，「投資，是一門關乎精準的技術。」投資的竅門就在於，掌握為什麼 A 股比 B 股好。他說，「大眾花上無數時間鑽研未知的事物，真的令人感

到訝異。」而我已經學到了辨識、並接受未知，也學會不要相信偉大的理論。

投資是與人相關的事業

從一開始，我就仰賴公開的數據，並尋找統計數據中的低價標的。例如，我會找低本益比的股票。每個人都看得懂數字，這些方法至今依然很有用。隨著時間的推移，我更了解到比起看得見的數據，數字上沒有顯示的內容往往是更重要的關鍵。

我喜歡那些單從數字上看不出故事全貌的想法。我想要找出這間公司存在哪些其他的因素，使其變得有吸引力。這些特徵並不常見，但如果能運用它們加以投資，往往能獲得巨大且豐厚的回報。霍華德・休斯公司（Howard Hughes）就是一個完美的例子。2010 年，它從不動產投資信託公司 GGP（General Growth Properties）分拆出來，表現糟糕，沒有營收，也沒有任何股息。但在當時非常嚴峻的形勢之下，霍華德・休斯公司對其公司發展的專案潛力有相當的了解，因此接手繼續完成。後來，這項專案帶來了非凡的豐厚回報，短短幾年內，就增長了 4 倍。

要找到這樣的案例，需要大量的閱讀與人際網絡才能一窺堂奧。過去一年，我找了許多人進行交流，包括投資者、管理高層、分析師與經濟學家。優異的想法來自四面八方，不過我

最棒的點子和想法通常來自那些和我交流的人。故事隱身在某處，而在某個地方的某個人，剛好知道那個故事。

試著努力尋找這些人，以及他們的故事。

關於百倍股的其他事情

這邊我來寫寫關於百倍股的其他事項，以及如何尋找百倍股。

海外投資

海外投資可以拓展你的版圖。然而，如果你只是為了想避免國內投資的風險，我絕對會規勸你深思。我知道有些美國人對海外投資感興趣，因為他們厭惡國內政治、經濟等等。

菲爾普斯在書裡提到了很好的論點，我將在此重複說明。他說，進行海外投資時，我們等同於放棄可見的風險，並承擔不可見與不知情的風險。這點非常重要。許多投資者認為遙遠的投資機會相當誘人，而交出籌碼去碰碰運氣。我也曾經如此作想。

話雖如此，本書中的原則具有普遍適用性，且不受時間影響，適用於世界各地的所有市場。

通貨膨脹

我在本書使用的都是名義上未經通膨調整的美元，但這當然不代表通膨不存在。事實上，如果你在床墊下藏了美元，那麼十年後，你將失去購買力。換句話說，今天你可以用 20 美元理髮，但十年後恐怕進不了理髮院。

我想讓你知道的是，不要過度著迷通膨的概念。同樣的，這也來自我個人的經驗。我知道有些人過度憂心美元，並迫使自己投資黃金概念股或其他自然資源相關企業，他們很怕轉眼間世界末日到來。

這麼做太花錢了。其實，最能抗通膨的就是百倍股。它們非常擅長打敗通膨，因此我需要用幾個段落談談通膨。

我讀過巴菲特的年度公開股東信，事實上，從第一封到最後一封，共有五十封，雖然有些我還沒讀完。過程中我發現了有趣的地方，那就是在早期信件中，他花很多時間談論通膨以及帶給投資人的影響。

近幾年來，通膨不再是個大問題。不過，投資者們好像還執迷於昨日的戰鬥，而巴菲特也發現了這點。「投資者與管理者必須著眼於未來，他們的記憶與神經系統往往過度執迷於過往經驗。」巴菲特寫於 1981 年。

這讓我想到彼得・林區曾經提過關於馬雅人的傳說。當巨大洪水摧毀世界時，馬雅人搬往樹林高地。接著大火焚燒世

界，因此他們搬離樹林，並以石頭建屋。然後，來了地震……

1970 年代的通膨相當劇烈，並對投資者與企業確實帶來重大的影響。這在當時還是新奇的概念，人們花了一段時間才真正理解通膨的意義。

那代表著，所謂 20％報酬率可能不代表 20％的報酬率，在計算通膨與稅收之後，很可能是負收益，這就是巴菲特所說的「投資者的痛苦指數」。

他的分析類比是這樣的：

如果你選擇（a）放棄十個漢堡的錢去投資；（b）用稅後股息去買兩個漢堡；（c）出售你的股分後，得到足以購買八個漢堡的稅後收益；接著（d）你不會再從你的投資得到任何實際收入，無論從美元價值來看它增值了多少。你或許會感到更有錢，不過你並不會吃到更多漢堡。

他也毫不諱言高通膨對波克夏報酬所帶來的影響。在 1981 年的股東信中，他提到通膨讓「波克夏的投資成績明顯令人滿意……作為衡量實際投資結果的標準而言，這是虛幻的。」

在 1979 年的股東信他寫道：

波克夏一名友善但眼光非常銳利的評論者提到，在 1964

年底，我們的帳面價值可購買大約二分之一盎司的黃金。十五年後，儘管我們付出無數汗水與血淚，以帳面價值而言，我們還是只能購買原先那二分之一盎司的黃金。我們也可以用類似標準思考中東石油。問題在於，政府非常擅長印鈔票與放空話，但他們無法憑空列印黃金或產出石油。

能不輸給通膨絕對是個成就。多數的美國企業在吸收掉資金後，給投資者帶來的往往是比原先更遜色的購買力。

1981 年，巴菲特指出免稅債券會支付 14％的利息，這 14％直接進入了投資者的口袋。那一年美國企業的獲利也達到了 14％，但卻沒有直接進入投資者的口袋。即使一家盈利 14％的企業將其所有獲利轉為股息，稅收也會使你的回報低於通貨膨脹率。

在這種環境下，你怎麼判斷企業的價值？

巴菲特用債券做比喻。假設你在前幾年購買的免稅債券，支付了你 7％的利息；然而，如果現在市場上免稅債券是支付 14％的利息，那你持有的債券價值將是其面值的一半。

股票也一樣。

「所以，依照 1981 年底的被動投資利率標準，對於個別投資者來說，投資在美國企業上的 1 美元，並不等同於 100 美分。」巴菲特寫道。

1982 年的通膨也是如此狀況，在此之後，情況已不復如

此。無怪乎對股市來說，1982 年是絕對的谷底。隨著利率下降，企業變得越來越有價值。

這解釋了為什麼利率如此重要，以及為什麼有那麼多人關注聯準會的舉動。對股價而言，被動投資的免稅債券利率是關鍵環節。

巴菲特做了完美總結：

通膨經驗和預期將是影響未來幾年限制高點的主要（但不是唯一）因素。如果造成長期通膨的原因能夠得到緩和，被動投資的回報很可能就會下降，美國股權資本的內在狀況應該會顯著改善。許多目前被歸類為「經濟劣等」的企業，將在此狀況下恢復至「經濟良好」等級。

通貨膨脹確實有所緩解。利率下降。股價飆升。

既然談到了巴菲特與通膨，我們應該順便談談許多人的誤會：哪些特定類型的企業可以抗通膨。

雖然大部分的人都喜歡股票，但他們也對某些與有形資產有關的股票情有獨鍾，例如金礦股和石油股。他們往往認為，當美元貶值時，這些股票會保護他們的資產。

這不見得是真的。

我總是想到巴菲特在 1983 年股東信中提到的例子，當時通膨仍然居高不下，並成為每個人關注的問題。巴菲特以時思

糖果舉例,對比一間擁有大量有形資產的虛擬公司,我們就稱後者為金油公司好了。

兩家公司都賺取了 200 萬美元的利潤。時思糖果的有形資產相當少,價值約 400 萬美元,而股票總價值約 2,500 萬美元。另一方面,金油公司擁有 1,800 萬美元的有形資產淨值來支援其營運。由於其資產的回報率較低,該公司股票的價值約 1,800 萬美元(基本上就等於其有形資產淨值)。

現在讓我們快轉一下,假設通膨讓價格翻倍。為了抵抗通膨,兩公司必須讓獲利翻倍。巴菲特寫道,「這看起來並不難,只要以原先價格兩倍出售相同數量的單位,假設毛利率保持不變,利潤就會翻倍。」

不過關鍵在於:兩家企業都需要將有形資產投資增加一倍。正如巴菲特所寫,

> 兩家企業可能都要將有形資產的名義投資增加一倍,因為這是通貨膨脹對(無論好壞)企業施加的經濟要求……所有這些因通貨膨脹所需而產生的投資都不會提高報酬率。該筆投資的目的在於讓企業生存下去,而非讓擁有者獲得更多財富。

對時思糖果而言,他們必須額外投入 800 萬美元投資。對金油公司而言,這代表額外的 1,800 萬美元投資。

巴菲特以 2,500 萬美元買下時思糖果。在通膨以後,「如

果按照我們購買時的相同基礎進行估值（邏輯上是如此），則可能價值 5,000 萬美元。」

因此，時思糖果透過 800 萬美元的額外投資，獲得 2,500 萬美元的名義價值，這超過了三倍。反觀金油公司，它仍然等同其有形資產淨值，現在為 3,600 萬美元。金油公司以 1,800 萬美元的額外投資增加了 1,800 萬美元的價值，此為一比一的投資。

請注意，對兩公司來說，通膨都很糟糕。但是，對時思糖果而言，情況稍微好一點，因為它所擁有的有型資產較少。這觀念對很多人來說，都有點難懂。巴菲特寫道：

多年來，傳統觀點總會認為最能對抗通膨的是擁有自然資源、植物、機器與其他有形資產的企業（我們信賴的實物）。但是，這是不對的。通常來講，擁有大規模資產的企業其報酬率通常很低，其回報往往不能提供足夠資金滿足現有企業的通膨需求，沒有任何剩餘資金可用於實際成長、分配給投資人，或是收購新企業。

這想法很重要。如果你看不懂，請再看一下例子。你可以在紙上計算看看，甚至隨意修改一下數字。你必須理解其中的連動性。在貨幣不斷貶值的世界中，輕資產公司才是贏家。換句話說，貨幣貶值有利於輕資產公司。

讓我引用另一位偉大投資者凱因斯（John Maynard Keynes）的話：「理解新概念不難，難的是擺脫舊有概念。」真正理想的企業可以在通膨時，輕鬆提高價格，而且無須投資大規模資產。

那些沒有成功的股票呢？

很多人會問這個問題。大家都好奇那些看起來具有成為百倍股潛力，最終失敗的股票。我先前已經提過此研究的限制之處。

首先，我不認為有任何失敗存在。如果你的本金每年以20％複利成長，那麼二十五年後你的本金就會累積成 100 倍。同樣的，如果我購買的股票其股東權益報酬率高於 20％，那也並不算失敗啊。

再來，我不知道如何研究失敗案例。你如何定義失敗呢？如果你仔細想清楚，就會發現要定義失敗並不簡單。因此，我選擇跟隨菲爾普斯的道路，將關注的目標鎖定為百倍股。

我抱著謙遜的心情提供自己的研究，希望讓人們更加認識這些神奇股票。沒有任何事是完美的，包括我的研究。我只希望在未來的日子其他人也能分享自己的經驗與研究，進一步加深我們的理解。

14
如果再碰到大蕭條怎麼辦？

In Case of the Next Great Depression

　　這標題有點好笑，不過確實值得花點時間討論，如果出現 2008 年那樣的大崩盤、股票慘賠時，我們該怎麼辦。

　　我在第 3 章問過同樣問題，但是我想在這章進行更加深入的討論。基本上來講，追求百倍股與市場上其他的任何活動無關。不管在熊市或牛市，你都不應該停止尋找百倍股。

　　不過，既然你很有可能在市場衰退時退出，那麼我就專注這點討論好了。

　　菲爾普斯在他的書中已經說了很多，在此我也引用他的想法，讓你知道「熊市如何蒙住每個人的眼睛」，並阻止你繼續尋找百倍股。很明顯的，如果你十五年前買了蘋果股票，你根本不需要在意聯準會在做什麼、最新的經濟報導，以及任何其

他投資者們喜愛關注的無聊事物。

不管時局再壞，永遠都有機會。

回顧大蕭條會是最好的做法。畢竟，那是美國所遭受過最
惡劣的經濟動盪。如果深入了解那個時代，就會發現即使在這
個如此艱難的時期，有些人的投資表現依然是優異的故事。

我的目的不是要說大蕭條不困難，這不是要為發生的事情
提供新的解釋，或者把它描述得更好。大蕭條是一場災難。不
過重點是，當時人們也埋下了未來財富的種子。很明顯的，唯
有在如此災難中，才會有超低價格浮現，創造機會使得成就
「百倍股」相對更簡單一點。

不過，壞時局會讓人們不敢投資。我時常遇見這樣的情
況。2008 年股市崩盤時，許多我認識的朋友都懼怕進場投
資。

未來當市場崩盤時，請把這章拿出來好好閱讀。

解讀市場回歸的洞見

管理第三大道價值基金（Third Avenue Value Fund）的馬
汀・惠特曼在 2007 年至 2008 年危機爆發時，曾寫信給股東討
論「市場回歸」。那封信裡分享了一些相當有智慧的見解。

首先，惠特曼做了相當合理的總評：「市場往往會在價格
崩盤之後強勁反彈！ 1932 年、1937 年、1962 年、1974 年到

1975 年、1980 年到 1982 年、1987 年，以及 2001 年到 2002 年。如今在 2007 年到 2008 年史無前例的崩盤之後，似乎也有可能捲土重來。」

好的，到目前為止我們都同意。不過，對某些投資者來說並非如此順遂。不是所有的股票都能止跌回升。這也是為什麼這封信有趣的原因。惠特曼點出三種不太可能有機會回升的股票。

類型 1：一開始就被嚴重高估的股票。如果你為股票付出了愚蠢的高價，那麼這個錯誤會給你帶來源源不絕的痛苦。價格下跌應該就會讓你自動想甩賣股票。惠特曼指出，儘管他的股票多數「在 2008 年下跌了 30％到 70％」，但他持有的許多股票的資產淨值仍有所增加。惠特曼相信，他持有的許多股票可能會翻到三倍或四倍，而且相對於其資產淨值仍然便宜。如果你手上有潛在的百倍股，也很容易達到這點。

類型 2：遭受「永久性減值」的股票。最終的永久性損害是公司倒閉，但也可能是重大損失。基本上，這意指情況已然改變，而公司不可能再恢復昔日榮景。

類型 3：在崩潰期間遭受大規模稀釋的股票。在此情況下，普通股股東無法保護自己免受稀釋。當一家公司發行大量新股以籌集資金以彌補損失或償還債務時，就會發生這種情況。這就像在你的啤酒中加水，而且還要和旁邊的傢伙分享。

有個知名經濟學家經歷了種種股災，才艱難地學到了這些

教訓。

一名經濟學家的領悟：買對並持有

股市一崩跌，人們就思考。股市上揚時，沒有人在乎其中原因。但是當股市下跌時，所有人紛紛都想一探究竟。

——亞伯特・傑・諾克（Albert Jay Nock）
《知情的普遍常識》（*Informed Common Sense*）

請把以下段落印出來，貼在你書桌的牆上：

當市場觸底時，我不會因為仍握有股票而羞恥。我不認為任何機構投資者或認真的投資者有責任或義務在股市下跌時，趕緊出清，或應該責怪自己還持有慘跌的股票。我想得更多也更遠。我認為，對認真的投資者而言，我們有責任以平靜的心接受持有部位貶值，但無須責怪自己。

上面的摘文源自最偉大的投資者在 1938 年所寫的一封信。他在史上最艱困的市場上投資並獲利，也就是大蕭條時代。

他是約翰・梅納德・凱因斯。

你可能會很意外。你知道凱因斯是重量級的經濟學家。不

管你認為他的理論是否可信，但他絕對是偉大的投資者。他對市場的理解相當透徹。

　　凱因斯管理劍橋國王學院的切斯特基金（Chest Fund），自 1927 年至 1946 年，該基金年平均報酬率為 12％，這點相當震撼吧，畢竟那段時期烏雲密布，人們經歷了大蕭條與第二次世界大戰。同時期，英國股市下跌 15％。而且最可觀的是，切斯特基金的回報僅包括資本增值，因為學院花去了投資組合中的龐大收益。我認為，這肯定是金融史上最卓越的交易紀錄之一。

　　以下段落將主要討論凱因斯的投資策略。

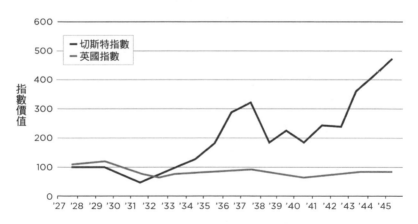

大蕭條在哪？
凱因斯的切斯特基金優異表現

作為投資者，凱因斯也讓自己因投資致富。當他過世時，留下了約 3,000 萬美元的遺產，震驚了當時的社會大眾。著有《凱因斯與市場》（*Keynes and the Market*）的賈斯廷‧華許（Justyn Walsh）指出，凱因斯過世前的六年持續擔任義務無酬的金融顧問。他的父母離世後，也沒有留下任何財產給凱因斯繼承。此外，凱因斯熱愛藝術，並自掏荷包贊助了許多藝術家。因此，發現他竟然遺留了如此龐大財產時，倫敦一片譁然。

「人們對凱因斯勳爵留下的巨額財富感到驚訝。」英國《金融時報》寫道，「此外，凱因斯勳爵是少數擁有實際賺錢能力的經濟學家。」

一開始，凱因斯只是普通的投機者與交易人，他試著預測趨勢和週期。1929 年的大蕭條讓他輸得一乾二淨。

事實上，凱因斯在大蕭條時，幾乎要慘遭滅頂。他個人的資產損失了 80％以上。此後，他有了重大的轉變。他總結道，在交易市場需要「異常的遠見與非凡的技術」。重生後的凱因斯這麼記錄著，「我很清楚，基於種種原因，在商業週期的不同階段進出市場，根本是不切實際也不可取的。」

在大蕭條後，他成為了投資者，而不再是投機者。他開始醞釀新的投資方法，也預示著價值投資偶像巴菲特與葛拉漢的登場。很有趣的是，大蕭條也讓班傑明大失血，並促使他更認真思考投資過程。而兩位偉大的金融專家似乎在思想上得到了

共識。

如今，凱因斯已不再著重於預測市場。相反的，他把敏銳的思維投向觀察個別股票，以他自己的話來說——試圖找出它們的「終極價值」。他寫給同僚的筆記裡闡述了新概念，「我的目的是購買我對其資產與最終盈利能力滿意，而其市價位於相對低點的股票。」

他也變得更有耐心。凱因斯舉了一個例子，長期持有75美分的股票並等待，絕對比買進75美分的股票後，在它跌到50美分時賣出，又期望能在40美分的價位時買回來，來得更簡單而安全。凱因斯學會仰賴自己的研究與觀點，不因市場價格波動，放棄自己手中的好機會。在市場景氣低迷時，凱因斯說，「我認為，負責任的投資機構不應當每週恐慌地掃視自己的股票清單，並尋找受害者，拋入熊市。」

凱因斯也逐漸開始逆向操作。他最偉大的個人行動記載於1933年。那時大蕭條仍然持續中。富蘭克林・羅斯福（Franklin Delano Roosevelt）以非常反企業的態度發表眾多演說。市場下跌。凱因斯注意到，「在如此反理性與老派的市場狀態下，價格不可思議的便宜。」他買入價格低迷的特別股。隔年，他個人的資產成長接近3倍。

凱因斯是切斯特基金的管理者，也是保險公司顧問。在一篇筆記中，凱因斯闡述了他對投資本質的古怪性與逆勢特質的理解。「觀看股票市場裡的人類活動，成功、安全與成就，永

遠只屬於少數人，絕非多數人。當你發現每個人都認同你時，請趕快改變想法吧。根據我的經驗，如果我能徹底說服董事會全體買入一支股票時，那絕對是最好的賣出時刻。」

他也學到了要「不畏艱難」地堅持持有股票，讓美妙的複利發揮作用（也以免稅的方式，避免資本利得稅）。他寫道，「保持安靜是最高指標。」他意指忽視短期噪音，並讓長期性的趨勢發揮作用。這也意味著，他限制了自己的動作，只在內在價值遠高於股票價格時才進行購買。

凱因斯還得出結論，你可能持有太多股票。你應該擁有更少的股票，並在最好的想法上多多投資，而不是把目標分散地太細碎。基金委員會和其他人一再批評凱因斯在少數公司投入太多資金。在一次精彩的辯論中，凱因斯為自己的觀點辯護。批評者認為他對登普斯特船運公司（Elder Dempster）投入太多成本。「很抱歉我對登普斯特太好了。我內心持續有一種幻覺，那就是一支好股票比十支爛股票更安全。」

如同巴菲特與其他傑出投資者的想法，凱因斯否定你應該持有多樣化的股票，以分散投資。在凱因斯的投資生涯中，他有一半的投資組合縮限在少數幾個公司上，儘管他喜歡混合後所承擔的風險。所以，他投資組合的一半可能有五家公司，但舉例來說，那不會全是金礦股。華許寫道，「他相信投資組合的集中化，他的投資表現出人意料地優異，儘管相對廣大市場而言，他的組合相對波動較大。」

在大蕭條最艱困的時期，凱因斯失去了一位朋友，席德尼·羅素·庫克（Sydney Russell Cooke），他在市場遭受嚴重的慘賠，因而最後自殺離開人世。或許與此個人經驗有關，凱因斯建議投資者，必須以「極大的耐心與冷靜」面對虧損。投資者必須接受，以長期來看，股票價格會以超越其潛在價值的方式大幅波動。

在凱因斯採用新的做法後，他的投資表現顯著上揚。雖然1920年代時，他時常落後於大盤，但在市場崩盤後，他的表現相當出色。華許認為凱因斯開始採用我們所熟知的巴菲特式投資法，大約是1931年左右。從1931年至1945年，切斯特基金在十五年內漲了10倍，而整體市場則是零回報，毫無獲利。這絕對是在黑暗年代裡最精湛的演出。

最近有一篇論文〈股票市場投資者凱因斯〉（*Keynes the Stock Market Investor*），發表者是大衛·錢伯斯（David

或許在研究股票表的凱因斯

Chambers）與艾洛伊‧迪森（Elroy Dimson）。他們更詳細地說明了凱因斯如何改變自己的投資風格。錢伯斯與迪森寫道，「年輕的凱因斯對自己的能力非常有自信，一直到 1930 年代初期以前，也就是他管理學院捐贈基金的第一階段，他的交易最為活躍，卻損害了績效。」

不過從 1930 年代初期，他開始改變了操作方式。除了在 1938 年破例之外，凱因斯不再追蹤市場，而這個改變帶來許多影響。首先，他的交易量驟減。他變得更為有耐心，並專注於長期表現。

下表是凱因斯以十年為周期的投資組合週轉率：

1921-1929 年	55％
1930-1939 年	30％
1940-1946 年	14％

週轉率只是凱因斯改變的其中一部分。另一方面，他也在市場跌落時，調正投資策略。自 1929 年至 1930 年，他賣掉五分之一的持有股票，轉為投資債券。但是，市場在 1937 年至 1938 年跌落時，他增加了自己的持有部位。他始終保持 90％ 的投資配置在股票。

這點很不可思議。也再一次反應了他不再在乎短期的股價波動。他顯然更在乎自己所擁有的價值，而他的信件也顯示了此觀點。錢伯斯和迪森也注意到凱因斯的改變，「基本上來

看，他從宏觀的市場時機策略，轉為由下而上的選股法。」

　　凱因斯在 1938 年 5 月的筆記中，精彩總結了自己的投資方法：

1. 根據未來幾年內可能的實際價值與潛在的內在價值，與其他投資方案相比的便宜程度，仔細謹慎選出少數的幾項投資項目（或少數幾種類型的投資）。
2. 以堅定不移的方式大規模持有上述投資，不管波濤有多洶湧，維持個幾年，直到它們兌現承諾，或是證明這項投資是個錯誤。
3. 持有平衡的投資部位。儘管個別持有的規模相當巨大，但是投資組合仍面臨多種風險，如果可以的話，請對抗風險。

這份筆記中還提醒了一點：

　　因此，大致上，我們必須盡可能地以絕對的冷靜與耐心面對低谷，以求生存。在這種情況下，相比其他股票，有些個股會跌到合理平價之下，我們應該好好利用這樣的機會，而非企圖操作整體進出。我們絕不能讓自己受到每日市場報價的影響，而去操作股票。

如果這些建議能讓人走過大蕭條，那麼也能幫助我們面對未來的任何危機。

在風暴中豐收的人

常常有人形容佛洛德・奧德魯姆（Floyd Odlum）是唯一在大蕭條中發了大財的人（其實不然）。

詹姆斯・格蘭特（James Grant）是《格蘭特利率觀察者》（*Grant's Interest Rate Observer*）的編輯，他稱呼奧德魯姆為「最成功的獲利藝術家」。格蘭特寫道，「我們沒有誰知道未來，但是我們可以和奧德魯姆一樣，充分利用這令人不暢快的現實。」

格蘭特試圖收集了一段奧德魯姆的小故事。1933 年的夏天，在外面世界已然崩塌時，奧德魯姆走進自己辦公室，對著憂心忡忡的合夥人說道，「我覺得現在是比任何時候都更有可能賺錢的機會。」

奧德魯姆熱愛在 1930 年代、煙霧瀰漫的崩塌場景中閒逛。最壞的年代創造了最好的價格，也造就了一個傳奇故事，有著奇怪名字的傢伙，就在最蕭條的年代，成為富豪。

奧德魯姆出生於 1892 年，是律師與實業家。他在 1923 年開始投資，以本金 3 萬 9,000 美元進場。數年後，以精明的手法操作被低估的股票與證券，使資本成長至 70 萬美元。奧德

魯姆蓄勢待發。最終,他花了十五年連本帶利把本金滾到 1 億美元。

他最傑出的操作發生在 1929 年華爾街股災後。奧德魯姆買下破產的投資信託。正如黛安娜・亨利克(Diana Henriques)在《華爾街大白鯊》(*The White Sharks of Wall Street*)中所寫,「奧德魯姆幾乎在一夜之間成為了千萬富翁,他投資了二十二家因 1929 年崩盤而遭受重創、估值被低估的投資信託。」

他所投資的公司其交易價格都低於所擁有的現金和證券價值。他買下、清算、收回現金⋯⋯然後重新操作一次、再來一次⋯⋯當然,要做到這點,他自己得有一點錢。但這對他來說並不困難。

奧德魯姆很幸運,也可能他早有先見之明,因為他在 1929 年股災前就已經提前賣掉一些手上的投資項目,手上因而有了 1,400 萬美元可以趁勢操作。因此,不要害怕持有現金,你可以留待找到特別的百倍股時機,再進入市場。

奧德魯姆的故事讓我們知道,最壞的時機也可能蘊藏著龐大的機會。

一位華爾街交易員的大蕭條回憶

大衛・費爾德曼(David Feldman)經歷過大蕭條時代。1997 年,八十七歲的大衛撰寫了回憶錄《1930 年代大蕭條時

期華爾街交易員的起起落落》(*Ups and Downs of a Wall Street Trader during the Depth of the Great Depression of the 1930s*)，記錄下他的思想與歷程。有趣的是，他認為有必要特別在書名中放上 1930 年代，避免其他人感到混淆。

大蕭條很慘烈。從費爾德曼羅列的幾項股票及其價格可以窺見損害之深重。

股票	1929 年高點（美元）	1932 年低點（美元）
奇異	403	8.5
奧的斯電梯（Otis Elevator）	450	9
共和鋼鐵（Republic Steel）	146.25	1.875
華納兄弟影片（Warner Bros. Pictures）	64.5	0.5
約翰曼菲爾（Johns-Manville）	242.75	10
史畢格爾－梅－史坦（Spiegel-May-Stern）	117.875	0.625

另一位大蕭條作家費德烈・路易士・艾倫（Frederick Lewis Allen）寫道，「市場充斥著信貸……成為精心設計用以破壞價格結構的系統。」

我們在 2008 年目睹對沖基金和其他背負龐大債務的投資者被迫清算。股票像從天而降的死鳥般下墜。在這種情況下，所有的價格下跌都是合理的嗎？不是的。

奇異在 1932 年的股票只值 8.5 美元嗎？華納兄弟影片每股只值 50 美分嗎？當然不是。

大崩盤發生後，人們和企業確實大幅減少了開支。企業之間也出現了整合。艾倫指出，在 1930 年代，「人們更熱衷於整合業務，而不是擴展經營或開創新公司」。由於股價低迷，美國企業中現金充裕的投資者有機會竊取一些東西。當你可以用一半的價格在股市買到石油股時，那為何要投資開採新油井？當你能以五分之一的價格買到競爭對手時，那何須開設新工廠呢？

　　崩盤後是買入的好時機，如同費爾德曼警告的，「股價太低了，所以假使一間公司還沒有瓦解的話，那麼幾乎不管你買什麼，**遲早都會漲的**。」

　　我們可以稱此為「費爾德曼的蕭條時期投資法則」。

　　你不能確定你手上的股票不會從 16 美元跌至 1.5 美元。事實上，我有很多股票都曾面臨如此程度的深跌。但它們還是漲回來了。為什麼呢？因為我謹慎挑選出財務狀況良好、而且債務範圍可控的股票。萬一股價真的沒有漲回來，那追根究底就是我投資了一間財務體質薄弱、無法抵抗危機的公司。

　　要實踐費爾德曼法則，並不是那麼容易。1933 年底時，超過五千間銀行倒閉。數以千計的公司宣告倒閉。舉例來說，1929 年時，奧本汽車（Auburn Automobile）的股價從 514 美元崩跌，到 1933 年股價逼近於零。我很肯定 1929 年時沒有任何投資者能想到奧本股價會在三年內蒸發。這就是真正的金融災難。

1930 年代的經濟災難令人難以想像。僅憑統計數據很難掌握實際狀況，但也足以讓人震驚。根據美國國家經濟研究局的數據，自 1929 年至 1932 年，薪資給付數字下降了 40％。股息下降 56％。1932 年的失業率約為 25％。在水牛城，失業率 31％，這正是當時普通美國工業城市的景象。

你如果在當時南卡羅萊納州棉紡廠工作，每週工資也許能拿到 8.25 美元，每週五天，每天輪班十一小時。如果你找得到這樣的工作，就算非常幸運了。十六歲以下的孩子在紡織廠辛苦工作，每周只能賺到 3.1 美元。

當然，1 美元在那時比現在更值錢。你可以花 2 美分寄一封信，用 5 美分買一杯咖啡。汽油的成本是每加侖 8 美分。午餐可能要花到 1 美元，不過沒有人要排隊買午餐就是了。

在羅斯福讓美國取消金本位之前，一盎司黃金只值 20.67 美元。今天一盎司的黃金價值大約是 1,400 美元。「有些人認為 2.5％的年通貨膨脹率屬於良性，這想法未免太天真。」費爾德曼寫道。「事實上，2.5％太可怕了！經過十年的複合成長，將導致生活成本增加了 28％。」（就實際回報而言，對於股市投資者來說，1966 年之後的十五年比 1930 年代更糟糕，因為通膨如此之高。而在 1930 年代，價格是一直下跌的。）

那費爾德曼學到什麼呢？跟大部分所有人的命運一樣，他在大崩跌時期以及之後的那段時間賠了許多錢。「這件事給我的教訓就是，在投資的世界裡，你千萬別為已經賠掉的錢哭

泣。」他寫道,「只有未來才是重要的。」

在 2008 年時,我不知道我們還會不會遇上 1930 年式的崩盤。我相信,自從 1930 年代以來,任何時候都有可能遇上那樣的金融災難。但是作為一名投資者,當時我寫下,「估值讓所有人都想要離開市場,離開市場變得太有吸引力了。」

我還學到手上有現金是另一個關鍵。「現金才是王道。」費爾德曼在大蕭條的谷底時寫道,「假設你手上有任何現金,你就掌握登場的主導權了。」現金代表你有選擇權,無須仰賴巧詐的貸款人。

十七世紀的漫遊者與回憶錄作家傑可·卡薩諾瓦(Jack Casanova)寫道,「我的幸與不幸都向我展示了……善即是惡,惡即是善。」同樣的,2008 年也可以是隱藏版的寶藏,「如果你懂得低逢買進,並持有新的股票。」

因此,我們再次看到在奧德魯姆身上學到的智慧:有現金是好事,而且不要害怕在最壞的時機買進。

避免負債的告誡

1929 年股市崩盤後,市場出現過一段良好的復甦。到了 1930 年 4 月,市場自前年 11 月 13 日的低點上漲了 41%。許多人認為最糟糕的時期已經過去。有此想法的包括證券分析之父、巴菲特的老師,也就是偉大的投資者葛拉漢。

1930 年，葛拉漢三十六歲，資產近百萬美元，並在市場享受不少成功的交易。因此，當他遇上成就非凡、九十三歲的退休企業家約翰・迪克斯（John Dix）時，葛拉漢不免顯得太過心高氣傲，他在自己的回憶錄如此懺悔。葛拉漢發現迪克斯「過於警戒」，並且向他提出各式各樣的問題。當他問到葛拉漢欠銀行多少錢時，得知答案的迪克斯皺了皺眉頭。

　　葛拉漢運用太多債務籌措投資股票所需的資金。迪克斯聽完，立刻「鄭重警告」葛拉漢，他是這麼說的：

　　葛拉漢先生，我希望你正視這件事，這對你來說有絕對的重要性。你明天立刻坐火車回紐約、到辦公室、賣掉所有股票、償清債務，並把剩下的資金還給你的合夥人們。如果我是你，我今晚肯定睡不著覺，你也應該要睡不著覺才對。我比你年長許多、經歷也豐富更多，你最好聽進我的話。

　　當然，葛拉漢沒聽進他的話。他甚至在回憶錄描寫道，「我謝了謝老傢伙，還露出一副高高在上的姿態。」

　　當然，迪克斯說的沒錯。更糟的還在後頭。「我很常幻想，如果我當初有聽進他的話，人生會有多大不同。」葛拉漢在內心思索著。後來，他在 1930 年遭受巨大的重創，那是他人生中最糟糕的時期：

	葛拉漢聯合帳戶	道瓊工業指數
1929 年	-20%	-15%
1930 年	-50%	-29%
1931 年	-16%	-48%
1932 年	-3%	-17%
整個時期	-70%	-74%

　　1930 年後，他償清債務，並在隨後艱難的市場中表現卓越。有鑒於 1930 年時，葛拉漢的合夥企業有 44% 的資產是由債務融資，因此只要他表現稍有疏失，就會立刻被市場吞噬。另一位優異的資深投資者、葛拉漢的學生歐文・卡恩（Irving Kahn）曾如此描述葛拉漢在 1930 年的交易，「能讓基金存續下去，就是個了不起的成就。在 1931 年與 1932 年期間只有一點小損失更是令人印象深刻。」

　　葛拉漢最大的錯誤是舉債過高。那也是為什麼迪克斯懷疑他怎麼還能安然入睡的原因。迪克斯深知所有的槓桿都相當危險。葛拉漢的故事之所以有啟發性，在於他凱旋歸來，並持續在隨後幾年內，從市場中獲得良好回報。

　　他所學到的啟示，似乎也是我們每個人都應該在景氣循環中所學到的道理。

15
打造穩賺的本事：
百倍股的十大基本原則

100-Baggers Distilled: Essential Principles

　　讓我們回到一開始談的查克・阿克雷。他的演講「投資者的冒險」曾說到他如何開啟了菲爾普斯式的百倍股探索之旅（請見第 1 章）。阿克雷手中持有數個百倍股，畢生的投資生涯為他帶來許多啟示，讓他統整出百倍股的基本原則。

　　在本書撰寫到後面章節時，我拜訪了阿克雷的辦公室，地點離瘋狂的華爾街非常遠。

　　我沿著華盛頓首都環城公路的西側緣行駛，然後往西，深入維吉尼亞州。城市景觀慢慢消逝，眼前只剩綠色的田野和樹林。我開車沿途行經釀酒廠、馬場和原石圍欄，經過有古董

店、歷史悠久的磨坊、教堂的小鎮。

最後我來到米德爾堡，一個風景如畫、僅有六百人口的小鎮。接著，在一條安靜的小街上，我找到了一座經過精心翻修的建築，它原是一個小酒館，但現在成了辦公室。

這裡是查克・阿克雷的總部辦公室，散發著穩定、舒服的氛圍，擺滿了書與以馬為主題的藝術品。我感覺像是來到了某人的家裡。

阿克雷，今年七十二歲，自 1968 年以來活躍於股票市場。他是我們的時代裡最偉大的投資者之一。我有一本他自 1993 年至 2013 年寫給投資夥伴的信件集《複利的力量》（*The Power of Compounding*）。如果投資阿克雷 1 美元，會得到近 20 美元，相比投入標普 500 指數只會得到 5.59 美元。

就如同我前面說的，我是因為阿克雷在 2011 年的演講，才認識到菲爾普斯，以及那本《股市中的百倍股》。菲爾普斯的書也是阿克雷的最愛之一，因此我很開心有機會能和阿克雷與他的團隊成員——湯姆・沙伯哈根（Tom Saberhagen）、克里斯・查龍（Chris Cerrone）與班・法克斯（Ben Fox）碰面。我們去了 1728 年就開始營業的紅狐酒館吃飯，那裡距離他的辦公室只有一百多公尺。

如我所說，阿克雷的投資組合裡有不少百倍股。

他早在 1977 年就買進波克夏海瑟威，當時每股 120 美元。現在，相較於他當初支付的金額，他手上的每一張股票都

成長了 1,750 倍。在過程中，發生了一件有趣的事。在我離開時，投資組合經理兼公司合夥人湯姆，給了我阿克雷信件集的裝訂本。這對我來說實在太難以抗拒了，我喜歡讀這種投資信，著迷程度就和其他人讀小說一樣。

在 1995 年的信件，阿克雷回想自己還是個年輕經紀人時，就買了一股波克夏。他持續累積了大約四十股。然後，1981 年他決定進入房地產行業。當時他有一個公寓改造項目，需要動用這筆錢。因此，他以每股 500 美元的價格賣掉手上所有的股票，只留下一股。當然，這顯然是非常昂貴的交易。如果他保留當年的三十九股，那麼當時價值 1 萬 9,500 美元的股票，換算成今天的價值大約是 810 萬美元。

另一支百倍股為美國電塔（American Tower），該股自 1998 年從美國電台（American Radio）分拆出來。阿克雷以每股 80 美分買入第一筆股票，目前該股每股價值 93 美元。根據文件顯示，直到我們碰面時，那仍是他規模最大的部位。

阿克雷的方法很簡單、一目了然。他稱之為三角凳投資法。他尋找的是：

- 過去以非常快的速度複合成長每股價值的企業。
- 將股東視為合作夥伴的高專業度管理團隊。
- 懂得再投資其自由現金流，並持續獲得高於平均收益的企業。

這本書已涵蓋阿克雷的所有方法。

不過，他告訴我，年紀越大，就越能將事情精簡到最本質的部分。真正最重要的是第三項。這就是百倍股背後最重要的原則。在他的一封信裡，他如此寫道，「在過去數年來，我們越來越專注於再投資的表現，這成為真正關鍵的成功投資方法，只要你找得到傑出企業就夠了。」

假設我們投資了某個企業 100 美元，它一年的投入資本回報率是 20％，如此的高回報，就會引起阿克雷興趣。20％的回報意味著 20 美元的收益。但是，真正卓越的關鍵在於，該企業可以將這 20 美元與最初的 100 美元一起再投資，並持續獲得 20％的回報。

順便說一句，你注意到這間公司沒有股息了嗎？當一家公司支付股息時，它可再投資的資本就會少得多。而且，落入你口袋裡的錢，還得繳稅。理想上來看，你會希望找到一間以高利率再投資這些錢的公司。如此一來，往後的每一天你都會賺進更多更多的錢、並且支付更少更少的稅。

讓我們回到剛剛的例子，在第一年的年末，你會有 120 美元，接著魔術登場了（請見下頁圖）。

到了第四年末，你的錢已經翻倍。進入第十年底時，你已經擁有六倍股。二十五年後，你將擁有百倍股。當然，你不必一直持有，我們也無法保證該公司能一直保持如此佳績。我只

1	$120.00	6	$298.60
2	$144.00	7	$358.32
3	$172.80	8	$429.98
4	$207.83	9	$515.98
5	$248.83	10	$619.17

是想讓你知道複利的力量。

阿克雷方法的核心就是複利。他希望找到好企業，並安靜持有——就和菲爾普斯一模一樣。

我還要補充一點，阿克雷操作的是投資重點集中的基金。通常他的持有規模前五到七個股票就占了投資組合的一半。這是我們在第 10 章中討論過的內容，優秀的投資者往往專注在他們最好的想法。

午餐時，基本上我們聊的都是生意與股票。阿克雷平易近人，有趣而且顯得放鬆自在，他也從不看手機。他談起投資字字珠璣，還相當幽默。他聊到了菲爾普斯和百倍股，也分享他讀過的書與學到的教訓。這就是卓越投資者的談話方式。

相信我，我遇過不少偉大的投資者，例如艾克曼、萬格等人。你大概知道潘興廣場資本管理的比爾·艾克曼的大名，但拉爾夫·萬格你可能沒聽說過，他操作橡實基金（Acorn Fund）很多年，績效表現一直保持優異，並寫了一本投資重要著作《獅群中的斑馬》。

你或許會發現我們沒有討論一些內容，而這點應該給你帶來啟發：

- 我們沒有討論聯準會。
- 我們沒有討論整體市場。
- 我們沒有討論美元。

這不代表它們不重要。它們也重要。但那些都是未知並且不可預期的事情。而優秀的投資者們不會耗費太多心力在那些主題上。他們一心專注在尋找絕佳機會，像是阿克雷找到波克夏海瑟威與美國電塔一樣。這些股票的表現遠遠超越對其他市場考量的擔憂。

尋找百倍股的基本原則

最重要的原則如上所述。而且非常重要，值得再重複一次：你需要找出擁有高資本回報率，並且有能力持續再投資，每年都可以繼續獲得高資本回報的企業。

相比之下，其他條件都僅為附屬條件。以下是其他百倍股基本原則的總結。

原則 1：你必須尋找

這點人人都知道嗎？不見得。但絕對重要。

這也是為什麼菲爾普斯的書一開始就引用四個男人分別得到一個願望的故事。第一個男人希望得到一隻驢子，他得到驢子了。第二個男的想要十隻驢子，驢子們也都來了。這個概念想傳達的是，如果你想要一隻驢子，就會只來一隻驢子（如果你想要十隻，得到的驢子就不會超過十隻。）

菲爾普斯另外以他在非洲赤道區狩獵大象的經驗作比喻（我知道這很不政治正確，畢竟他的年代不同）。「如果你的目標是格局恢宏的遊戲，請不要因為分心，就轉而射擊較小的目標。」

所以，尋找百倍股的第一原則就是請開始尋找，這代表請不要關注那些八分之一強或四分之一強的選擇。不要浪費有限的精力在那些可能表現有點不錯的股票，或是帶來 30％ 或 50％ 回報的股票上。

你能投入在股票研究上的時間與資源有限。請專注在最重要最大的目標：大象。那就是百倍股。

原則 2：成長、成長、更多成長

沒有其他可行方式。幾乎所有的研究皆顯示，百倍股企業最終都會擴大規模。（只有一個例外，我稍後會介紹。）

因此，你需要的是成長，而且是大規模成長。但並非所有類型的成長都有效，你需要能帶來價值的成長。你需要的是「好的成長」。如果有一間企業的銷售額加倍，但同時讓流通股加倍，這不是好現象。你想要的是銷售額與每股盈餘的增長。

同樣的，如果一家公司透過降低價格來提高大量額外銷售額，卻使股東權益報酬率下滑，那可能也不是你想要的成長。你會希望找到的是，有很多成長空間的企業，那正是創造再投資機會的趨力。

是的，我故意沒有說清楚到底是銷售成長還是獲利成長重要。你當然兩個都想要。但是有許多百倍股的銷售成長雖然快速，但在高成長階段並沒有報告盈餘表現良好。（先前介紹的康卡斯特和亞馬遜就是這類例子。）

盈餘是報告上的數字，不論其來源是什麼。盈利能力則代表股票可以高於平均的成長率獲得高於平均的資本回報率。本質上是對競爭優勢的長期評估。

菲爾普斯在《股市中的百倍股》中做出了明顯區分。他寫道，「無法辨識短暫的盈餘波動與營利能力的基本變化，導致許多交易者過度交易，並且失去真正在市場找到百倍股的機會。」

請不要過度追求季度的每股盈餘。即便是一年間的表現也未必足以判斷股票良劣。我們必須仔細思考盈利能力。一家公

司可以報告獲利下降，但其長期盈利能力可能不受影響。同樣的，公司盈餘或許會短期上升，但長期的潛在盈利能力反而可能會減弱。例如，一家公司的盈餘數字不錯，但絕大部分很可能來自一次性收入。

因此，你要如何分辨短暫的盈餘回彈與真實狀況呢？透徹了解自己投資的企業，這點無可取代。如果你不懂自己手上投資的公司，是不可能做出明智選擇的。讓我用以下例子來說明。

有間我喜歡的公司叫做通用金融（General Finance）。這企業很簡單，負責出租儲存櫃，也就是你在工地常見的儲存用倉儲。

除此之外，通用金融也出租：

- 貨櫃：提供公路和鐵路運營商使用，可以用來儲存乾燥散貨和冷藏貨物。
- 移動式貨櫃建築物：主要用途是移動微型辦公室或午餐室、急救室等，提供建築公司和自然資源公司使用，甚至用於公共活動。
- 移動式液體儲存槽貨櫃：可容納廢水、化學品和其他液體，用於石油和天然氣相關產業、環境修復等；
- 移動式辦公室與模組化建築。

貨櫃租賃事業的經濟效益非常好。投資回收期只需要幾年，但資產的使用壽命長達四十年。因此，這個是個高資本回報率的行業。該領域的市場非常零散，透過併購小型企業有相當大的成長空間可發展。而且還有一位聰明、才能得到公認的自營企業主榮·凡倫塔（Ron Valenta）。

　　2015 年初期，由於石油和天然氣銷售趨緩，通用金融股票因獲利下降而被大幅拋售。通用金融的確有向石油和天然氣客戶出租貨櫃的業務。但實際上，通用金融的盈利能力是否受到了任何影響？而長期盈利能力是否因短期獲利趨緩而降低呢？

　　答案是沒有。

　　他們仍擁有貨櫃，並且可以租貸給任何人。通用金融擁有近三萬七千個儲存貨櫃，其顧客名單相當多元。他們的客戶遍布二十個領域，估計約有三萬家企業客戶進行租用。通用金融的資產並沒有任何動搖。

　　他們的現金利潤依然可觀。他們一樣提供無數小型業務公司租貸服務。凡倫塔在一次訪問中對我說，

　　一旦我們收購了一家公司，我們可能會在它身上花費與收購過程同樣多的時間或更多的時間。我們的產品範圍很廣，因此可以改進該公司的經營運作。我們會觀察計費系統，這間公司是按月計費還是每二十八天計費？有損害豁免嗎？如何處理

卡車運輸？接著，我們會分析業務以及我們能如何運用……我們不僅僅是收購方。我們真正擅長的是採取手段，並顯著地改善收購公司經營。我們是非常有紀律的買家。但更重要的是，**我們是資產的價值創造者。**

什麼都沒有改變。唯一改變的是獲利數字的暫時下降，因為客戶群的財富週期性的變化。通用金融沒有新的競爭威脅、沒有管理層變動、沒有新的法規或其他因素可能以任何重大方式改變其業務。

這就是我思考的方式。如你所見，你必須確實理解該領域，才有辦法進行類似的思考。請你不要再花太多時間閱讀經濟預測與股票預測，請投入更多時間理解你手中的股票。如果你不願意，那麼你絕不可能擁有百倍股或其他近似規模的報酬。

原則 3：偏好較低倍數

你一定不願意付出愚蠢的高價吧。

我們假設某間公司去年每股盈餘為 1 美元，而你以每股盈餘的 50 倍的價格入手該公司。想想看，此股要成為百倍股的條件是什麼。你需要每股盈餘成長 100 倍，而且本益比要保持在 50 倍的標準。如果本益比掉到 25 倍，那麼每股盈餘則必須成長 200 倍才行。

投資沒有那麼難。

之前我們看過吉列的案例，本益比從 20 倍崩跌到 10 倍，使得投資者從吉列盈餘成長所得獲利也跟著削弱。

但是另一方面來看，你也不需要為了尋找百倍股，而在低價股中搜索。優異的股票通常都已經有粉絲俱樂部，如你所見，大部分的熱門股票多半徘徊在五十二周高點的位置。想以低價買入熱門股，根本是難上加難。如果你花時間在本益比 5 倍的股票中尋找交易機會，或者想以低於帳面價值的價格進行交易等，那麼你就找錯方向了——至少這並非尋找百倍股的方式。當然，你可能有不少收穫，但如果在更為容易的環境裡尋找百倍股，可能會輕鬆許多。

我強調，低倍數的股票優先，是因為沒有任何硬性規則可以套用在股市裡。有些時候，連本益比 50 倍都是值得的。你必須將價格連同其它因素一起納入考量，加以權衡。

請記得，時間是站在偉大企業這邊的。你也會願意為偉大企業多付點成本。讓我給你一個好例子：盈透證券，這是一間網路券商。

研究魔爪飲料的馬修·古德曼也針對盈透證券進行了分析。我們曾在專欄中推薦過這家公司的股票。他說明了該公司如何使用新技術推動如此古老傳統的行業。盈透證券的平臺遠比競爭對手更優越，而且很容易成為成本最低的選擇。

如同古德曼所說，你可以在業界新聞中看到不少重點：

- 傳奇交易員彼得・布蘭特（Peter Brandt）如此描述盈透證券，「我可以在這個交易平臺透過單一帳戶與全世界交易，不管是美國或全球的期貨市場、美國與全球的證券交易市場、期權、外匯……應有盡有。瑞士信貸會為帳戶規模達到 5,000 萬美元的客戶提供相同服務。高盛和德意志銀行的規矩也是如此。據我所知，沒有其他公司會提供帳戶金額 500 萬到 1,000 萬美元以下的客戶如此權限。
- 美國銀行、摩根大通和其他公司正陸續對他們的對沖基金客戶解除服務。有些公司例如億創理財（E-Trade）則關閉了全球交易帳戶。那麼這些出走的客戶去哪裡了呢？答案是盈透證券。
- 史考特證券（Scottrade）最近將自己的客戶加到盈透證券平臺。身為競爭對手，史考特證券算是舉了白旗。

古德曼表示，讀者也可以從數字了解上述狀況。下方表格顯示盈透證券的新帳戶正在高速增加：

盈透證券電子交易數據

	2015 年	變化率 %		
	4 月	相較 前一個月	相較 前一年	相較於前一個月 的年化成長率
（以千為單位）				
總帳戶數	302.0	2%	18%	**23%**
新帳戶總數	5.6	-16%	40%	
（單位：10 億美元）				
客戶資產	$65.2	7%	32%	**780%**
客戶信用交易額度	$33.6	6%	24%	**68%**
客戶保證金貸款	$8.7	8%	27%	**97%**

古德曼寫道，「上表是我在盈透證券網站頁面找到的資料。我加上了最後一項『相較前一個月的年化成長率』。」重點來了，雖然年增率表現良好，但是月增率表現更卓越。此外，客戶資產成長遠比總帳戶數增長來得劇烈。這是相當好的正面趨勢，因為這代表公司吸引了更多大戶，並在此開設資金規模更大的帳戶。」

所以，盈透證券公司成長很快。但如果你在 2014 年底收回過剩資本，其本益比約為 25 倍，這樣的倍數並不低，值得嗎？

波克夏海瑟威副董事查理・蒙格說道，

長期來說，一支股票很難獲得比該公司賺到的報酬更好的回報。倘若該公司在四十年內以資本賺到 6% 報酬，而你把這報酬扣著四十年，即使你原先是以大幅折價買進股票的，也不會賺到比這 6% 多多少。反過來說，倘若一間公司在二十年或三十年內以資本賺到 18% 報酬，就算你付出看上去很昂貴的價格，最後也會獲得不錯的投資結果。

　　「這句話就是百倍股哲學的精髓。」古德曼寫道。（這是本書第二次引用這句話。）「我們想找的是資本回報率極高的公司。這符合百倍股的第一關鍵要素。他的話證實了此觀點。下面圖表可以讓我們更理解蒙格的話。」

　　你可以看到 6% 與 18% 回報率的巨大差異。

蒙格觀點

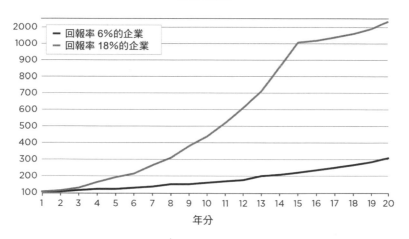

二十年後，資本回報率 18％的公司最終得到的收益大約是另一間公司的 8 倍。我們學到的是，不要錯過以合理價格收購優秀企業的機會，在這張圖表中你可以清楚看到原因。

　　「以本益成長比來看，也是一種觀點。」古德曼建議道。「本益成長比是以本益比除以年度每股盈利成長率。舉例來說，如果盈利成長率為 20％，那麼本益比 20 倍是可接受的。任何超過 1 倍的本益成長比，價格都算太貴。」

　　自 2010 年至 2014 年盈透證券經紀業務稅前盈餘成長率分別為 19％、35％、-8％、33％和 29％。2014 年盈透證券的盈餘增長了 29％，但該股票的本益比為 26 倍，使我們的本益成長比低於 1，這對於在當今市場上快速增長的高質量公司來說是不尋常的。事實上，我們可以將低於 1 視為重大加分條件。

　　同樣的，這也是你在尋找百倍股時，應該思考的問題。請記得，當你付出越高的倍數，收益增長率就必須更高。

　　讓我們再重複一次：較低倍數優先。

整合原則 2 和原則 3 ：擁有百倍股的雙引擎

　　當你擁有高成長與低倍數時，就等於掌握製造百倍股的雙引擎。你會獲得相當龐大的助力，幾乎所有環節都為你帶來優勢。

　　在本書前半部，我們討論了 MTY 飲食集團的例子。當時我們擁有本益比 3.5 倍的股票。十年內，每股盈餘成長 12.4

倍，不過由於本益比自 3.5 倍升至 27 倍，該股成為百倍股。
你應該知道這例子並不常見，不過很好地說明了我的觀點。

原則 4：經濟護城河的必要

要成為百倍股必須長期擁有高資本回報率。以定義來說，
護城河讓企業可以獲得回報。因此，花點時間思考一間公司擁
有何種護城河，是值得的。

我們已經用了一整章討論護城河，所以在此無須重複。我
只想用數字說明擁有高資本回報率的重要性，也不要忘了第二
點——必須有能力在年末以高回報率進行再投資。

菲爾普斯曾在書中用例子解說這點，且讓我再重複一次。
假設一家公司的帳面價值為每股 10 美元，並從該資本獲得
15％的報酬。如果股票不支付股息，一年結束後，帳面價值將
為每股 11.50 美元。第二年年底，就會是每股 13.22 美元，在
第三年年底會達到 15.20 美元。

「五年內，該公司的帳面價值已經翻倍。」菲爾普斯寫
道，「十年後，成長到 4 倍。三十三年時，會成為百倍股。」

如果該公司支付股息，這個故事將截然不同。假設該公司
將盈餘三分之一作為股息。那麼它需要十五年才能成長到 4
倍，而非十年。三十三年後，只能成長到 23 倍，而非百倍股。

「很明顯的，」菲爾普斯寫道，「對想要獲得最高成長的
投資者來說，股息實在是非常奢侈的存在。如果你需要收入，

請不要指望企業在給付股息的同時達到高資本回報率。當你擠自家乳牛的奶時，就不能指望牠可以跑得比鄰居的馬還快吧。」

阿克雷對股息的觀點也很相近。但是，股息還是有存在的必要，並且對許多百倍股的整體回報來說，也相當重要。然而，我們還是偏好會將盈餘以高利率再投資的公司。如果公司將盈餘拿來支付股息，那麼可投資的資本將縮水，也就減少了回報率。

如果股息是個累贅，借款則是讓情況加速惡化。如果一間公司資本回報率是 15％，透過借款可提高至 20％。這也提升了股票的風險。

要淨賺百倍股，還有其他方式。發現天然資源，例如龐大的新油田，能讓你獲得百倍股。創新發明或超級新明星藥物也有同樣功能。但是，這些都太難預測了。因此我專注於尋找擁有高資本回報率的企業，以及能持續創造高盈餘並進行再投資的公司。

護城河，就算是小小的一條，也有絕大功用。

原則 5：小公司優先考慮

從橡實開始，最終會得到橡樹。但如果從橡樹開始，可能就無法擁有如此蓬勃巨大的成長了。這點或許顯而易見，但實在很重要。

不管是現在或未來，蘋果公司都很不錯，但以現在規模來說，已經不可能成為百倍股了。目前該股市值 7,500 億美元。如果要成為百倍股，等同於 75 兆美元，也就是美國總體經濟之 4 倍。一開始，蘋果或許算是好股票，但時間一久，其龐大的數字就會讓你備受阻撓。

　　相反的，你不要以為該開始研究 25 美分的微型股。我們的 365 支股票研究個案其銷售額中位數是 1.7 億美元，這還是未經通膨調整的數值。這代表百倍股公司的起始規模也有相當的尺寸。不管對哪個時代來說，1.7 億美元都是相當有潛在實力的企業了。

　　普遍來講，我會建議關注市值低於 10 億美元的公司。這絕非必要（只是請記得，小公司優先考慮），不過從較低點開始，會比由高點開始更有成長的空間。

原則 6：自營企業主優先考慮

　　我們也花了整章內容討論過這主題。在過去五十年來，所有的偉大企業都因其企業主而出名，那些有遠見、堅韌與能力的執行長：蘋果的賈伯斯、沃爾瑪的山姆‧沃爾頓、亞馬遜的貝佐斯與波克夏海瑟威的巴菲特。名單還很長，你可以往前翻閱我們曾經提到的偉大執行長。

　　擁有出色的企業主有助於讓你保持信念。我發現在冰天雪地時，如果知道我的股票背後有位天才執行長挺著，我會比較

願意共同度過天寒地凍。

我也想請你記住一件事，他人創造股票的目的不是為了讓你獲利。你能買得到手中股票的原因，正是因為有人想賣。

如果想得抽象一點，你似乎沒有理由期望從買股票賺錢。但是如果你投資的企業擁有優秀的自營企業主，或許能讓你說服自己。因為你就是合夥人。你所買的股票，企業經營主手中也有。對你的好事，對他也好。反之亦然。

雖不致完美，不過通常還是比投資非自營企業主的公司好。我們可以用此方法解決永恆的代理人老問題。當你尋找百倍股時，請留意自營企業主的公司，並列入優先考慮。

這是我們的偏好，但並非絕對要素。也有許多百倍股公司的執行長默默無名。在我們的研究期間（1962 年至 2014 年），吉列是一間百倍股公司，但我從沒聽說過任何關於該公司執行長的新聞。而且，偶爾，企業的壽命也會超過其創辦人與自營企業主。

原則 7：你需要時間，利用咖啡罐方法幫助自己

當你做好所有功課找出百倍股後，你需要給它一點時間。即便在我們研究中最蓬勃發展的百倍股，都需要五年時間。醞釀一支百倍股，往往需要二十至二十五年的時間。

也因此，你需要知道如何抵抗最巨大的敵人——耐心、渴望「採取行動」的需求，以及總覺得自己應該要「做點什麼」

的衝動。要擊敗這怪獸，我建議你用咖啡罐方法幫助自己。我非常推崇咖啡罐投資法，前面也用了一整個章節仔細漫談咖啡罐哲學。

咖啡罐哲學的精髓在於它很簡單。你用一部分的資金創造「咖啡罐投資組合」。不管你放什麼在裡面，都放個十年。就這樣而已。

十年後，你可以看看自己的收穫。咖啡罐經驗告訴我們，你至少會有一顆寶石在裡面。咖啡罐哲學認為，如此的方法勝過積極操作股票。

你可能認為這是噱頭。但是我鼓勵你把股票放著不要動。讓它們在葡萄藤上成熟，不要太早摘取它們。

原則 8：你需要極佳的篩選

世界紛雜。金融媒體特別混亂。每一天都有大事發生，至少這是他們說的。他們會為市場的每一個轉折創造敘事。他們會報導聯準會的每一場會議。他們喋喋不休地討論經濟資料與報告。他們為聒噪的專家提供了平臺。每個人都想預測走勢、預測利率、預測價格、預測油價……沒完沒了。

在我研究百倍股後，認為上述努力都是白費時間。這只會讓你迷失在尋找百倍股的路途上。

要克服這個問題，你必須先了解股價會因各種原因而變動。有時，股票會在一個月內出現大幅上漲或下跌，但長時間

來看，企業本身的變化往往不會那麼快。

市場上有許多例子足以說明。為求方便，我將使用分析師馬修‧古德曼給我的魔爪飲料截圖，這支股票我們之前討論過，也是百倍股成員。

這有點像是「熱圖」，讓你看出 2000 年至 2014 年之間魔爪飲料股價的每月變動。在最右手邊，你會看到年度價格變動。

看看這兩頁的圖表，你是否發現什麼主題浮現出來了？

	1 月	2 月	3 月	Q1	4 月	5 月	6 月	Q2
2015	7.94%	20.67%	-1.93%	27.73%	-0.93%	-7.17%	5.30%	-3.16%
2014	0.19%	8.98%	-6.15%	2.48%	-3.59%	3.61%	2.38%	2.28%
2013	-9.35%	5.34%	-5.39%	-9.65%	18.14%	-3.21%	11.43%	27.42%
2012	13.44%	9.41%	8.59%	34.77%	4.69%	11.69%	-1.93%	14.67%
2011	8.34%	1.59%	4.66%	15.19%	9.86%	8.31%	12.98%	34.44%
2010	0.16%	8.11%	4.33%	12.97%	1.75%	-11.55%	0.15%	-9.87%
2009	-0.12%	-0.66%	8.17%	7.33%	13.22%	-10.01%	-15.87%	-14.28%
2008	-12.92%	7.62%	-14.94%	-20.28%	0.28%	-11.75%	-7.75%	-18.36%
2007	13.12%	-8.14%	8.23%	12.47%	0.84%	4.19%	7.99%	13.46%
2006	11.37%	6.38%	35.05%	60.00%	2.66%	42.83%	2.99%	51.02%
2005	12.78%	6.64%	37.36%	65.20%	-5.60%	31.64%	13.52%	41.07%
2004	5.66%	32.14%	18.92%	66.04%	-1.14%	89.66%	-4.24%	79.55%
2003	0.00%	-3.70%	3.85%	0.00%	-3.70%	3.85%	0.00%	0.00%
2002	-3.70%	0.00%	3.85%	0.00%	-3.70%	3.85%	0.00%	0.00%
2001	8.33%	-11.54%	-8.70%	-12.50%	-4.76%	0.00%	5.00%	0.00%
2000	3.70%	-7.14%	7.69%	0.00%	0.00%	-3.57%	-3.70%	-7.14%

這很不可思議。你會看到有些月份，魔爪飲料股下跌20％，有的月份甚至跌幅更大。不過也有幾個月股價上漲了20％或更多。在不少例子中，上揚與下跌的浪潮接續發生。

你也知道魔爪飲料的業務不會因為月份有大幅度的變化。我們談的是飲料製造商。你可以在最右側看到，即使發生了上述種種變動，該股票在大部分時間仍然是走勢往上漲的。

但是，想想那些股價下跌超過20％的時候。你有多常看股票，每天嗎？你有多大可能會決定出手賣掉它呢？或許在它

7 月	8 月	9 月	Q3	10 月	11 月	12 月	Q4	全年
3.14%			3.14%					27.58%
-9.95%	38.23%	3.69%	29.06%	10.05%	11.17%	-3.39%	18.20%	59.88%
0.26%	-5.90%	-8.96%	-14.10%	9.53%	3.41%	14.52%	29.70%	28.26%
-6.71%	-11.26%	-8.28%	-24.07%	-17.41%	16.57%	1.52%	-2.26%	14.70%
-5.36%	11.35%	2.32%	7.83%	2.06%	3.48%	-0.07%	5.54%	76.24%
7.16%	7.49%	3.51%	19.23%	9.87%	3.90%	-1.77%	12.14%	36.15%
0.52%	5.29%	12.49%	19.05%	-1.63%	-3.27%	9.84%	4.52%	14.49%
-20.68%	20.21%	10.12%	5.00%	-16.33%	17.54%	12.70%	10.84%	-24.25%
-5.68%	10.75%	26.24%	31.88%	19.97%	-36.18%	2.03%	-21.88%	31.47%
-3.36%	-40.13%	17.94%	-31.76%	-2.22%	-11.46%	19.77%	3.69%	70.96%
9.26%	7.44%	-5.31%	11.15%	7.48%	53.64%	1.44%	67.52%	333.92%
-18.99%	16.41%	1.34%	-4.43%	9.93%	27.11%	7.58%	50.33%	328.30%
18.52%	15.62%	-2.70%	33.33%	16.67%	33.33%	-5.36%	47.22%	96.30%
-3.70%	0.00%	0.00%	-3.70%	3.85%	0.00%	0.00%	3.85%	0.00%
14.29%	0.00%	-8.33%	4.76%	9.09%	4.17%	8.00%	22.73%	12.50%
7.69%	14.29%	6.25%	30.77%	0.00%	-32.35%	4.35%	-29.41%	-14.29%

資料來源：Sentieo

跌了 20％的時候，你會決定等待下一個出場的好機會。然後，有可能在一個表現不錯的月份你就賣出了。

那些咬緊牙根的緊張時刻，都是白費力氣。若想企圖交易賣出，絕對會是個錯誤。魔爪飲料是很棒的股票，你應該好好緊抱不動。

另一個誘惑是投資者往往太過在意股市走向。

那些視野恢宏的專家們樂於分析股市指數，例如標普 500 指數。他們熱愛引用週期性調整市盈率（CAPE，股價除以過去十年平均的每股盈餘），以及其他可以用來衡量未來報酬率的指標。

股票市場指數（例如標普 500 指數）價格高漲，並不代表你應該放棄股票。除非你是指數本身的買家，否則指數與尋找當下的優質企業股票無關。

讓我以某一段時期的歷史給你做例子，請看 1966 年至 1982 年。

那些視野恢宏的專家們喜歡說這十七年的股市根本沒有金流。道瓊工業平均指數根本就是停滯了（實際表現其實更糟，因為此時期的通膨相當嚴重）。因此，你或許會以為，這絕對不是該待在股市的時機。

但是我的百倍股研究發現，在 1966 年至 1982 年之間，有 187 支股票能為你帶來百倍回報。

事實上，在這十七年間，只要你堅持，幾乎每個月都有獲

得百倍股的機會。在幾個例子中，你甚至不必等得太久。從 1971 年開始，西北航空十年內就實踐了百倍收益。自 1978 年起，萊斯利·韋克斯勒（Leslie Wexler）的 L Brands 花了八年時間達到百倍回報。1966 年，如果你買進 HR 布洛克（H&R Block），二十年內你投入的 1 萬美元將會成長至 100 萬美元。

指數可以告訴你目前投資環境的狀況。如果市場處於高點，那麼要找到好的投資機會勢必艱難。當市場位於低點，要找到贏家自然相對容易（但是要說服自己買入其實也不容易，因為低點正是人心惶惶的時候）。這些道理人人都懂。

我的重點是，不要太擔心股市走向。你必須持續尋找偉大的點子。如果歷史是個明燈，它們永遠都會閃耀。

如同我說的，你需要極佳的篩選策略。

原則 9：運氣也很重要

讓我們承認吧，一切的操作都有點運氣的成分在。

2002 年時，沒人可以預測蘋果的未來將如此可觀。沒人猜到他們會創造了全新的市場── iPod 、iPad、iPhone。在我研究百倍股的過程中，確實有那麼幾間公司讓我舉手投降，承認自己遇到了超級天才。

同樣的，不好的災難也會發生。有時萬事俱備，但是新發明推出了，一舉打敗原本以為牢不可破的護城河。你只要看看

近年被摧毀的產業即可明白——錄影帶出租、報紙、音樂工業，甚至計程車業。

在此我想引用尼古拉斯・雷舍（Nicholas Rescher）在《運氣：日常的絕佳隨機性》（*Luck: The Brilliant Randomness of Everyday Life*）書中段落，他優雅地這麼描述機會：

可以確信的是，由於我們本能地深信自己活在邏輯的世界，因此我們總以為一切都會有個原因……這很自然，只不過徒勞無功。唯一理智的方法是鬆鬆地盤坐面對生活與隨之而來的機會，處之淡然。

追求百倍股和生活一樣。有好運氣，確實有幫助。

原則 10：你應該要當個心不甘情不願的賣家

那什麼時候賣呢？在菲利普・費雪（Philip Fisher）的《非常潛力股》（*Common Stocks and Uncommon Profits and Other Writings*）書中，他有一章叫作「何時賣出？」他這麼作結，「或許本章的觀點可以簡化成一句話：『假如你已經用盡心力挑了這支普通股，那麼或許你永遠都不該賣它。』」

這講得很對。有很多例子證明如此的實踐，可以獲得難以預期的豐厚回報。

說到永不賣出，讓我想到阿斯特（Astor）家族的資產。約

翰‧雅各‧阿斯特（John Jacob Astor）是該家族的大家長，1848 年過世，當時他是全美國最富有的人。他的兒子威廉‧阿斯特（William Astor）繼承了家族財產，並讓這筆家族財富進一步茁壯。

1890 年有一段紐約參議院委員會關於稅務的辯答很有趣，我真的很喜歡這段對話（我曾在第一本著作《像大戶一樣投資》收錄過這段對話）：

問：你剛說阿斯特先生從沒賣出？
答：偶爾他才會賣。
問：但原則是他不賣出？
答：不能說從不賣出。他當然也有賣出過。
問：大家不是都說，阿斯特家族只買不賣嗎？
答：他們確實不是一拿到不動產就急著動手賣出的人。

如同我在《像大戶一樣投資》寫的，「阿斯特家族之所以可以如此富有，並持續掌握財富，關鍵在於他們讓複利效應發揮到不可思議的規模。換句話說，阿斯特家族就是心不甘情不願的賣家。當他們買到好標的，他們熱愛持有，並讓複利的魔法發揮作用。」

我今天再講一個故事好了：羅納‧瑞德（Ronald Read）。

《華爾街日報》的安娜‧普瑞爾（Anna Prior）曾經寫過關

於他的有趣故事。標題是〈留下八百萬美元資產的勤儉男子〉。

瑞德是傑西潘尼百貨（JC Penney）的清潔人員，他的兄弟擁有加油站一小部分持股，而瑞德也在那工作過很長一段時間。那他是怎麼賺錢的呢？瑞德非常會選股。但更重要的是，他很有耐心。

瑞德過世時，他持有九十五種股票。其中很多都持有數十年以上的時間。他涉獵的領域相當廣泛，唯獨排斥科技業。如果他得到股息，會買入更多股分。他擁有寶僑、摩根大通、JM 斯馬克（JM Smucker）、嬌生與其他藍海股。他手上好股壞股都有。只不過，好股帶來的報酬遠遠超越壞股的虧損。

瑞德還擁有股票的實體證書。這讓他更容易持有股票，因為紙本更具真實性，就像一份真正的財產，而不只是電子螢幕上閃爍的股票代號。

不過持有證書似乎有點不切實際，因為帶來相當的成本，因此瑞德最終讓各公司股票所有者的官方紀錄單位（稱為過戶處）負責其股分。這個選擇相當節省成本，因為根據紀錄顯示，瑞德支付的管理費相當低廉。

瑞德的故事展現了簡單投資概念的力量：保持費用低廉、投資優質公司、股息再投資，接著，最重要的是，持續持有的魔力。

因此，你可以懂阿斯特家族的「從不賣出」的精神了吧。

不過，費雪也整理了一些股票該賣出的理由：

- 你犯錯了，代表「一間公司的實際狀況遠低於預判」。
- 該股不再符合你的投資標準。
- 你想要改買更好的標的，但是請注意，請小心只有在「非常清楚判斷事實的狀況下」，才該採取此行動。

如此看來，賣出的時間點仍舊相當難以掌握。你很難知道什麼時候，自己犯了錯。你當然可以說服自己相信任何事情。再來，第二點或許比較容易，如果你的投資標準有著精準的定義。最後，轉換標的也是危險的。每支正在移動的股票都會看起來比你手上的更好，而且市場上總有正在移動的股票。

但你也會發現，上述原因與股價毫無關係。

在菲爾普斯的《股市中的百倍股》裡，他大力支持買對並長期持有。但是這代表「永遠都不要賣出」嗎？菲爾普斯問讀者。答案是否定的。

我們可以用一句話簡述菲爾普斯建議的賣出時機：「永遠不要因為非投資原因，採取投資行動」。

那些「非投資原因」包括：

1. 我的股票「價格太高」。
2. 因為稅務關係，我想要用已實現資本利得抵消已實現資本損失。
3. 我的股票沒在動。但其他股票都在漲。

菲爾普斯相信你犯錯時確實該賣。但是同樣的，菲爾普斯和所有的偉大投資者一樣，他們都不認為股價走低，就代表錯誤。（事實上，在牛市時，獲利也可以是錯誤。因為這代表你可能失去獲得更多利潤的機會。而且你還得付資本利得稅，這難道不是懲罰嗎？）

　　我知道很多人都會用所謂的「停損」，這代表你要在股價低於一定程度時出場。停損很普遍，因為它讓艱難的決定，甚至可說是投資學中最困難的一環，變得技術性。你不用想太多。如果股票跌到停損點，你就出場。

　　但是，這也扼殺你淨賺百倍股的機會。早在手中股票成為百倍股以前，你就已經出場了。

　　如我們所見，魔爪飲料在十年內成為百倍股。你記得之前的熱圖嗎？在那十年間，魔爪飲料至少有十次跌幅超過25％；並曾在不同的三個月內，市值蒸發40％以上。但如果你關心的是企業本身，而非股價，你就不會賣啊。如果你用1萬美元投資魔爪飲料，十年後你就會收穫100萬美元

　　我還有數不清的例子。當然，有時候你會很幸運，在對的時間點讓股價翻3倍或4倍。但是如果你這麼做，肯定會錯過很多大好機會。既然如此，你又何苦做足功課、選出百倍股，卻讓路人來幫你選擇賣價？

　　再來，你可能會想，「我可以再買回來。」但是老實說，你會買回來嗎？我覺得說比做的容易。投資絕對是心理遊戲。

最後，你可能會想到那些股市泡沫化的時期。1998 年或 1999 年，可口可樂本益比為 50 倍。那時可賣。但是，根據我們的百倍股原則，可口可樂符合買入的標準嗎？我不認為。即便有許多亮點，在當時情況下也應該要賣。

當然，以買入持有的方式投資，意味著你有時會遭受嚴重的損失。但這就是投資組合存在的原因。對我來說，投資股票很有趣，因為你可以在一支股票上賺到很多錢。如果因為害怕損失而削減這種優勢，就像你花了很多錢買一輛汽車，但從來沒有開出門兜風一樣。

我投資股票，而且很清楚任何部位隨時都有可能大虧損。但是，最終我知道，自己的投資結果將會相當耀眼。

我想再一次引用飽含智慧的投資者菲爾普斯之言。他這麼寫道，「讓我們回到基本原則，如果任何規則或公式成為綁手綁腳的阻礙，並且無法讓你更進一步思考，它就該被拋棄了。」

（有位教授和我提醒上面這句話本身就充滿矛盾。我懂。但人生本來就是如此充滿矛盾啊。）

停損就是阻止你思考的設計。而我上面的引句是希望幫助你思考問題。

我的基本原則只有一個，如果你徹底研究準備後，買下一支股票，那你應該不會樂於賣掉這支股票。我想用我最愛的一句名言結束此章節，那段話來自第三大道價值基金的馬汀‧惠特曼，「我在這領域超過五十年了。有很多時候我買了一支股

票、持有個三年，等到它的股價翻倍，我就把它賣給別人。結果那支股票在接下來半年內成長 3 倍。如果我什麼都不做，可以賺更多。」

如果你想要尋找百倍股，你必須學會什麼都不做。只要買對就好，慢慢等待。

黃金準則：沒有完美公式

現在，你應該知道沒有完美的百倍股公式存在。要過濾出百倍股，並非易事。然而，在最後一章裡，我把原則濃縮至最純粹。你可以在尋找百倍股的路上，隨時翻閱本章。

祝福你在投資的路上找到許多百倍股，並且獲利豐厚。我也希望這本書為你的成功帶來一些貢獻與建議。

附錄

歷史上的百倍股名單

（1962 年至 2014 年）

	資料日期	總報酬	達成百倍股年數
CAMPBELL SOUP CO	10/31/62	150	34.5
DEERE & CO	10/31/62	449	35.0
HEWLETT-PACKARD CO	10/31/62	498	30.7
HORMEL FOODS CORP	10/31/62	2,330	26.7
HOST HOTELS & RESORTS INC	10/31/62	844	22.4
MAY DEPARTMENT STORES CO	10/31/62	135	35.7
NORTHROP GRUMMAN CORP	10/31/62	907	31.4
ROLLINS INC	10/31/62	3,515	23.4
SEAGRAM CO LTD	10/31/62	171	33.3
TJX COMPANIES INC	10/31/62	6,946	28.5
GENERAL MILLS INC	11/30/62	869	28.7
LOEWS CORP	11/30/62	3,978	18.3
SHERWIN-WILLIAMS CO	11/30/62	894	41.6
ABBOTT LABORATORIES	12/31/62	1,965	27.7

	資料日期	總報酬	達成百倍股年數
ALCAN INC	12/31/62	126	45.0
ALLETE INC	12/31/62	259	41.3
ALTRIA GROUP INC	12/31/62	15,120	24.0
AMP INC	12/31/62	198	30.3
ANHEUSER-BUSCH COS INC	12/31/62	997	27.0
BAXTER INTERNATIONAL INC	12/31/62	656	33.3
BEAM INC	12/31/62	391	33.5
BRISTOL-MYERS SQUIBB CO	12/31/62	616	33.5
CATERPILLAR INC	12/31/62	261	42.3
CHEVRON CORP	12/31/62	413	37.0
COCA-COLA CO	12/31/62	868	29.3
COLGATE-PALMOLIVE CO	12/31/62	814	34.8
COMERICA INC	12/31/62	365	33.3
COOPER INDUSTRIES PLC	12/31/62	537	28.7
CORESTATES FINANCIAL CORP	12/31/62	209	34.5
CRANE CO	12/31/62	1,158	27.0
CUMMINS INC	12/31/62	222	48.3
CVS HEALTH CORP	12/31/62	2,869	22.2
DISNEY (WALT) CO	12/31/62	3,276	23.7
DOW CHEMICAL	12/31/62	208	37.0
DPL INC	12/31/62	137	44.5
EATON CORP PLC	12/31/62	573	34.7
ECOLAB INC	12/31/62	2,074	33.3
EDISON INTERNATIONAL	12/31/62	183	43.3
EMERSON ELECTRIC CO	12/31/62	458	34.0
ENTERGY CORP	12/31/62	108	45.5

	資料日期	總報酬	達成百倍股年數
EXXON MOBIL CORP	12/31/62	637	34.5
FIRST CHICAGO NBD CORP	12/31/62	210	34.3
FIRSTAR CORP-OLD	12/31/62	251	33.8
GENERAL ELECTRIC CO	12/31/62	210	35.0
GILLETTE CO	12/31/62	221	31.7
GRACE (W R) & CO	12/31/62	209	49.0
GREAT PLAINS ENERGY INC	12/31/62	105	52.5
HALLIBURTON CO	12/31/62	290	35.0
HILLSHIRE BRANDS CO	12/31/62	942	28.8
HILTON WORLDWIDE HOLDINGS	12/31/62	763	21.2
IDACORP INC	12/31/62	117	52.0
INGERSOLL-RAND PLC	12/31/62	236	42.3
INTEGRYS ENERGY GROUP INC	12/31/62	268	42.5
INTL FLAVORS & FRAGRANCES	12/31/62	773	28.5
ITT CORP	12/31/62	270	41.8
JPMORGAN CHASE & CO	12/31/62	128	51.0
KELLOGG CO	12/31/62	469	29.0
KROGER CO	12/31/62	1,222	28.5
MDU RESOURCES GROUP INC	12/31/62	221	38.8
MERCK & CO	12/31/62	826	28.8
MOBIL CORP	12/31/62	222	33.5
NEWMARKET CORP	12/31/62	5,077	22.8
OCCIDENTAL PETROLEUM CORP	12/31/62	464	41.8
OGE ENERGY CORP	12/31/62	216	47.8
PEPSICO INC	12/31/62	1,050	28.5
PERKINELMER INC	12/31/62	233	37.8

	資料日期	總報酬	達成百倍股年數
PFIZER INC	12/31/62	508	33.5
PHARMACIA CORP	12/31/62	116	35.5
PNC FINANCIAL SVCS GROUP INC	12/31/62	397	34.8
PROCTER & GAMBLE CO	12/31/62	399	34.7
QUAKER OATS CO	12/31/62	208	35.0
RAYTHEON CO	12/31/62	616	29.2
ROHM AND HAAS CO	12/31/62	126	44.8
ROYAL DUTCH PETROLEUM NV	12/31/62	456	30.3
SCHERING-PLOUGH	12/31/62	672	28.5
STANLEY BLACK & DECKER INC	12/31/62	590	33.8
SUNDSTRAND CORP	12/31/62	188	33.8
TEXAS INSTRUMENTS INC	12/31/62	428	34.5
TIMES MIRROR CO -SER A	12/31/62	206	34.3
UNITED TECHNOLOGIES CORP	12/31/62	687	35.8
UST INC	12/31/62	2,293	26.0
VULCAN MATERIALS CO	12/31/62	979	25.3
WARNER-LAMBERT CO	12/31/62	370	34.5
WELLS FARGO & CO	12/31/62	952	34.3
WHIRLPOOL CORP	12/31/62	480	35.3
WISCONSIN ENERGY CORP	12/31/62	357	43.0
WRIGLEY (WM) JR CO	12/31/62	760	30.0
WYETH	12/31/62	215	33.8
XCEL ENERGY INC	12/31/62	123	51.8
KIMBERLY-CLARK CORP	10/31/63	498	31.2
3M CO	12/31/63	199	46.2
AIR PRODUCTS & CHEMICALS INC	12/31/63	579	33.2

	資料日期	總報酬	達成百倍股年數
BECTON DICKINSON & CO	12/31/63	501	34.0
JOHNSON & JOHNSON	12/31/63	1,459	28.8
PPG INDUSTRIES INC	12/31/63	701	33.5
HEINZ (H J) CO	10/31/64	639	25.3
MEADWESTVACO CORP	10/31/64	123	49.2
ASHLAND INC	12/31/64	182	48.0
DUN & BRADSTREET CORP	12/31/64	684	34.3
SUNOCO INC	12/31/64	102	41.5
UNILEVER NV	12/31/64	856	27.3
BERKSHIRE HATHAWAY	9/30/65	18,261	19.0
ONEOK INC	11/30/65	473	39.1
ALLIANT ENERGY CORP	12/31/65	169	45.3
EQT CORP	12/31/65	713	34.0
KINDER MORGAN INC	12/31/65	739	29.3
MCDONALD'S CORP	12/31/65	3,983	18.7
SEMPRA ENERGY	12/31/65	138	47.0
WESTAR ENERGY INC	12/31/65	106	48.3
BLOCK H & R INC	10/31/66	2,873	19.5
HOLLYFRONTIER CORP	10/31/66	12,279	21.2
ARCHER-DANIELS-MIDLAND CO	12/31/66	678	25.3
AUTOMATIC DATA PROCESSING	12/31/66	2,728	21.5
BARD (C.R.) INC	12/31/66	445	37.2
DOVER CORP	12/31/66	1,148	26.3
FIRST HORIZON NATIONAL CORP	12/31/66	125	30.5
GENUINE PARTS CO	12/31/66	737	29.2
HELMERICH & PAYNE	12/31/66	648	31.0

	資料日期	總報酬	達成百倍股年數
KENNAMETAL INC	12/31/66	119	41.5
MARSH & MCLENNAN COS	12/31/66	500	31.0
NORTHERN TRUST CORP	12/31/66	418	31.3
VF CORP	12/31/66	2,298	26.0
HARCOURT GENERAL INC	10/31/67	615	18.3
LOWE'S COMPANIES INC	10/31/67	1,958	26.5
AVERY DENNISON CORP	11/30/67	191	31.3
SUNAMERICA INC	11/30/67	2,733	23.3
AMERICAN EXPRESS CO	12/31/67	317	32.3
AMERICAN STORES CO	12/31/67	332	26.1
AMETEK INC	12/31/67	1,476	31.2
BEMIS CO INC	12/31/67	558	28.5
BRUNSWICK CORP	12/31/67	171	37.2
GREAT LAKES CHEMICAL CORP	12/31/67	276	21.0
HARSCO CORP	12/31/67	122	37.0
HUBBELL INC -CL B	12/31/67	235	40.7
MASCO CORP	12/31/67	248	27.3
NUCOR CORP	12/31/67	1,813	24.5
PLDT-PHILIPPINE LNG DIST TEL	12/31/67	2,669	22.5
RUBBERMAID INC	12/31/67	159	24.2
U S BANCORP	12/31/67	986	29.0
WILLIAMS COS INC	12/31/67	252	32.5
MEDTRONIC PLC	10/31/68	969	24.7
PALL CORP	10/31/68	2,301	15.5
BESTFOODS	12/31/68	146	27.8
BOEING CO	12/31/68	987	19.8

	資料日期	總報酬	達成百倍股年數
BURLINGTON NORTHERN SANTA FE	12/31/68	419	27.0
CARLISLE COS INC	12/31/68	989	26.0
CSX CORP	12/31/68	391	36.0
GRAINGER (W W) INC	12/31/68	934	28.2
HONEYWELL INTERNATIONAL INC	12/31/68	177	41.8
ILLINOIS TOOL WORKS	12/31/68	848	28.0
MURPHY OIL CORP	12/31/68	281	33.0
NATIONAL FUEL GAS CO	12/31/68	388	30.5
NORFOLK SOUTHERN CORP	12/31/68	321	35.5
PPL CORP	12/31/68	147	36.5
ROCKWELL AUTOMATION	12/31/68	1,004	26.5
SANTA FE PACIFIC CORP	12/31/68	126	32.5
SONOCO PRODUCTS CO	12/31/68	335	27.5
MCCORMICK & CO INC	11/30/69	502	33.3
AMSOUTH BANCORPORATION	12/31/69	150	31.5
LACLEDE GROUP INC	12/31/69	228	39.2
WAL-MART STORES INC	10/31/70	12,382	12.5
QUESTAR CORP	12/31/70	554	33.0
SYSCO CORP	12/31/70	1,249	21.5
TYCO INTERNATIONAL PLC	11/30/71	1,126	22.3
BCE INC	12/31/71	353	28.5
GENERAL DYNAMICS CORP	12/31/71	1,188	23.3
GRAHAM HOLDINGS CO	12/31/71	370	21.7
LOCKHEED MARTIN CORP	12/31/71	1,323	21.2
MEREDITH CORP	12/31/71	439	21.7
PITNEY BOWES INC	12/31/71	251	22.0

	資料日期	總報酬	達成百倍股年數
SOUTHWEST AIRLINES	12/31/71	5,478	9.5
BROWN-FORMAN -CL B	10/31/72	1,235	22.3
DONALDSON CO INC	10/31/72	643	26.3
LITTON INDUSTRIES INC	10/31/72	152	22.7
NORDSTROM INC	10/31/72	1,117	16.7
PVH CORP	10/31/72	460	19.3
SMUCKER (JM) CO	10/31/72	505	27.0
TARGET CORP	10/31/72	1,047	22.3
VALSPAR CORP	10/31/72	2,805	16.7
VORNADO REALTY TRUST	10/31/72	1,686	18.9
FAMILY DOLLAR STORES	11/30/72	3,987	10.2
HILL-ROM HOLDINGS INC	11/30/72	243	23.5
HONDA MOTOR CO LTD	11/30/72	108	33.8
LENNAR CORP	11/30/72	965	22.8
AETNA INC	12/31/72	222	31.0
AGL RESOURCES INC	12/31/72	316	29.3
ALBERTO-CULVER CO	12/31/72	730	21.5
ALLTEL CORP	12/31/72	200	24.3
AMERICAN GENERAL CORP	12/31/72	186	23.5
BALL CORP	12/31/72	843	28.2
BANK OF HAWAII CORP	12/31/72	300	28.3
BANK OF NEW YORK MELLON CORP	12/31/72	205	23.3
BANK ONE CORP	12/31/72	119	23.2
BP PLC	12/31/72	214	22.5
CABOT CORP	12/31/72	334	23.5
CIGNA CORP	12/31/72	185	38.5

	資料日期	總報酬	達成百倍股年數
CLOROX CO/DE	12/31/72	536	23.0
COMMERCE BANCSHARES INC	12/31/72	266	27.2
CONAGRA FOODS INC	12/31/72	990	15.2
CONSOLIDATED EDISON INC	12/31/72	670	18.8
CURTISS-WRIGHT CORP	12/31/72	445	27.5
DOMINION RESOURCES INC	12/31/72	296	31.0
DTE ENERGY CO	12/31/72	223	36.2
DUKE ENERGY CORP	12/31/72	216	32.3
ELECTRONIC DATA SYSTEMS CORP	12/31/72	127	17.0
EVERSOURCE ENERGY	12/31/72	131	38.5
EXELON CORP	12/31/72	140	30.3
FLEETBOSTON FINANCIAL CORP	12/31/72	153	23.0
FLOWERS FOODS INC	12/31/72	1,706	22.2
FMC CORP	12/31/72	402	31.2
FOREST LABORATORIES -CL A	12/31/72	7,874	11.5
HARRIS CORP	12/31/72	274	31.0
HASBRO INC	12/31/72	3,725	9.5
HERSHEY CO	12/31/72	973	21.0
INTEL CORP	12/31/72	2,969	20.0
JOHNSON CONTROLS INC	12/31/72	991	22.3
KANSAS CITY SOUTHERN	12/31/72	16,931	18.2
LINCOLN NATIONAL CORP	12/31/72	111	32.0
MCGRAW HILL FINANCIAL	12/31/72	795	23.0
MCKESSON CORP	12/31/72	1,040	21.3
NEXTERA ENERGY INC	12/31/72	268	32.0
NSTAR	12/31/72	203	31.0

	資料日期	總報酬	達成百倍股年數
PARKER-HANNIFIN CORP	12/31/72	321	30.0
PROGRESS ENERGY INC	12/31/72	153	35.7
PUBLIC SERVICE ENTRP GRP INC	12/31/72	189	31.0
SAFECO CORP	12/31/72	134	30.7
SCANA CORP	12/31/72	199	33.3
SOUTHERN CO	12/31/72	329	27.5
STATE STREET CORP	12/31/72	1,490	17.3
UGI CORP	12/31/72	395	30.3
VARIAN MEDICAL SYSTEMS INC	12/31/72	727	26.3
WALGREENS BOOTS ALLIANCE INC	12/31/72	2,161	16.9
WASTE MANAGEMENT INC-OLD	12/31/72	189	12.5
WGL HOLDINGS INC	12/31/72	234	32.0
ANALOG DEVICES	10/31/73	1,220	19.7
WILEY (JOHN) & SONS -CL A	10/31/73	929	22.0
BARNETT BANKS INC	12/31/73	122	22.0
EL PASO CGP CO	12/31/73	222	24.7
EQUIFAX INC	12/31/73	1,029	20.7
LANCASTER COLONY CORP	12/31/73	1,084	18.2
PACCAR INC	12/31/73	1,104	23.2
ALLEGHANY CORP	12/31/74	711	18.7
CANADIAN PACIFIC RAILWAY LTD	12/31/74	446	38.0
CHUBB CORP	12/31/74	265	31.3
LEGGETT & PLATT INC	12/31/74	924	18.2
M & T BANK CORP	12/31/74	827	19.8
PEPSIAMERICAS INC	12/31/74	126	30.5
EDWARDS (A G) INC	11/30/75	2,417	8.7

	資料日期	總報酬	達成百倍股年數
AMERICAN WATER WORKS INC	12/31/75	156	23.8
CBS CORP	12/31/75	630	14.7
DANAHER CORP	12/31/75	3,054	17.5
GOLDEN WEST FINANCIAL CORP	12/31/75	471	22.5
MCI COMMUNICATIONS	12/31/75	316	13.3
NOBLE ENERGY INC	12/31/75	185	32.0
UNION PACIFIC CORP	12/31/75	338	38.0
BRITISH AMER TOBACCO PLC	12/31/76	981	25.2
CHURCH & DWIGHT INC	12/31/76	447	28.3
SOUTHWESTERN ENERGY CO	12/31/77	160	28.5
GAP INC	10/31/78	1,666	11.0
L BRANDS INC	10/31/78	2,105	7.3
FEDEX CORP	11/30/78	154	35.5
AQUA AMERICA INC	12/31/79	137	31.5
CHRYSLER CORP	12/31/79	113	16.5
CONSTELLATION BRANDS	11/30/80	788	20.5
APPLE INC	12/31/80	560	25.3
APPLIED MATERIALS INC	10/31/81	231	16.5
HOME DEPOT INC	10/31/81	3,172	9.7
RPM INTERNATIONAL INC	11/30/81	105	32.8
CA INC	12/31/81	160	13.8
COMCAST CORP	12/31/81	218	17.5
DOLLAR GENERAL CORP	12/31/81	196	15.8
ENBRIDGE INC	12/31/81	223	28.5
FRANKLIN ELECTRIC CO INC	12/31/81	147	30.3
FRANKLIN RESOURCES INC	12/31/81	11,363	4.2

	資料日期	總報酬	達成百倍股年數
GRACO INC	12/31/81	462	22.5
INTL GAME TECHNOLOGY	12/31/81	185	18.3
KLA-TENCOR CORP	12/31/81	141	18.0
MYLAN NV	12/31/81	803	11.5
PENTAIR PLC	12/31/81	125	31.3
PRECISION CASTPARTS CORP	12/31/81	653	22.8
ROBERT HALF INTL INC	12/31/81	528	15.7
SEI INVESTMENTS CO	12/31/81	256	19.8
SIGMA-ALDRICH CORP	12/31/81	171	31.5
STRYKER CORP	12/31/81	634	18.3
THERMO FISHER SCIENTIFIC INC	12/31/81	116	31.5
TYSON FOODS INC -CL A	12/31/81	176	31.2
EATON VANCE CORP	10/31/82	955	15.7
NORDSON CORP	10/31/82	140	28.7
NIKE INC	11/30/82	628	19.8
ROGERS COMMUNICATIONS -CL B	11/30/82	127	22.6
AFLAC INC	12/31/82	562	16.0
BBVA COMPASS BANCSHARES INC	12/31/82	209	21.8
BROOKFIELD ASSET MANAGEMENT	12/31/82	151	31.5
ENBRIDGE INC	12/31/82	254	28.5
SOUTHTRUST CORP	12/31/82	155	21.3
ST JUDE MEDICAL INC	12/31/82	399	17.0
TORCHMARK CORP	12/31/82	149	30.8
BIOMET INC	11/30/83	227	17.5
PAYCHEX INC	11/30/83	573	14.0
AMGEN INC	12/31/83	1,632	10.7

	資料日期	總報酬	達成百倍股年數
CARDINAL HEALTH INC	12/31/83	119	29.2
IMMUNEX CORP	12/31/83	128	15.3
RAYMOND JAMES FINANCIAL CORP	12/31/83	297	21.0
TOTAL SYSTEM SERVICES INC	12/31/83	175	17.7
WILLIAMS-SONOMA INC	12/31/83	229	18.8
EXPEDITORS INTL WASH INC	12/31/84	337	16.5
RPC INC	12/31/84	152	24.3
AUTODESK INC	10/31/85	103	28.7
BEST BUY CO INC	12/31/85	271	13.7
JEFFERIES GROUP LLC	12/31/85	137	17.0
NOVO NORDISK A/S	12/31/85	289	22.5
PROGRESSIVE CORP-OHIO	12/31/85	118	28.0
UNITEDHEALTH GROUP INC	12/31/85	970	12.8
UNIVERSAL HEALTH SVCS INC	12/31/85	222	23.5
ADOBE SYSTEMS INC	11/30/86	391	13.5
ORACLE CORP	11/30/86	880	10.3
AIRGAS INC	12/31/86	128	26.2
FISERV INC	12/31/86	128	27.3
HARLEY-DAVIDSON INC	12/31/86	351	12.3
HEARTLAND EXPRESS INC	12/31/86	126	26.2
LINEAR TECHNOLOGY CORP	12/31/86	139	13.5
MICROSOFT CORP	12/31/86	680	10.8
PRICE (T. ROWE) GROUP	12/31/86	225	18.7
TEVA PHARMACEUTICALS	12/31/86	325	17.0
EMC CORP/MA	12/31/87	468	7.7
FASTENAL CO	12/31/87	382	17.0

	資料日期	總報酬	達成百倍股年數
HENRY (JACK) & ASSOCIATES	12/31/87	1,099	8.3
SCHWAB (CHARLES) CORP	12/31/87	299	11.0
DELL INC	10/31/88	270	7.2
ROSS STORES INC	10/31/88	395	19.5
ALTERA CORP	12/31/88	129	11.5
CERNER CORP	12/31/88	649	15.0
MAXIM INTEGRATED PRODUCTS	12/31/88	120	11.8
POLARIS INDUSTRIES INC	12/31/88	540	22.5
MAGNA INTERNATIONAL INC	10/31/89	181	22.4
ELECTRONIC ARTS INC	12/31/89	104	14.0
CISCO SYSTEMS INC	10/31/90	353	7.3
AMPHENOL CORP	12/31/91	130	21.3
CANADIAN NATURAL RESOURCES	12/31/91	187	14.5
QUALCOMM INC	12/31/91	160	7.3
TOROMONT INDUSTRIES LTD	12/31/91	105	23.8
VECTOR GROUP LTD	12/31/91	370	8.5
ROPER INDUSTRIES INC/DE	10/31/92	117	21.4
BIOGEN IDEC INC	12/31/92	958	5.5
EXPRESS SCRIPTS HOLDING CO	12/31/92	425	13.5
GILEAD SCIENCES INC	12/31/92	355	18.3
NVR INC	12/31/92	232	9.7
REGENERON PHARMACEUTICALS	12/31/92	137	18.7
STARBUCKS CORP	12/31/92	127	21.3
TIME WARNER INC	12/31/92	488	6.0
CELGENE CORP	12/31/93	477	11.3
MONSTER BEVERAGE CORP	12/31/93	2,523	9.5

	資料日期	總報酬	達成百倍股年數
SVB FINANCIAL GROUP	12/31/93	174	25.2
VALEANT PHARMACEUTICALS INTL	12/31/94	815	6.5
ALEXION PHARMACEUTICALS INC	10/31/96	123	17.7
BP PRUDHOE BAY ROYALTY TRUST	12/31/96	141	11.7
KEURIG GREEN MOUNTAIN INC	12/31/96	722	10.7
AMAZON.COM INC	12/31/97	201	13.3
BALLY TECHNOLOGIES INC	12/31/98	132	13.3
TRACTOR SUPPLY CO	12/31/98	154	12.2
PRICELINE GROUP INC	12/31/99	145	12.5
ILLUMINA INC	12/31/01	163	11.0
QUESTCOR PHARMACEUTICALS INC	12/31/05	215	5.0
NEXSTAR BROADCASTING GROUP	12/31/06	105	5.0
PHARMACYCLICS INC	12/31/06	168	5.0

尋找百倍股

100 Baggers: Stocks that Return 100-to-1 and How to Find Them

作　　者　克里斯多福·邁爾（Christopher Mayer）
譯　　者　李靜怡
主　　編　林玟萱

總 編 輯　李映慧
執 行 長　陳旭華（steve@bookrep.com.tw）

出　　版　大牌出版／遠足文化事業股份有限公司
發　　行　遠足文化事業股份有限公司（讀書共和國出版集團）
地　　址　23141 新北市新店區民權路 108-2 號 9 樓
電　　話　+886-2-2218-1417
郵撥帳號　19504465 遠足文化事業股份有限公司

封面設計　FE 設計 葉馥儀
排　　版　新鑫電腦排版工作室
印　　製　成陽印刷股份有限公司
法律顧問　華洋法律事務所　蘇文生律師

定　　價　400 元
一　　版　2022 年 05 月
二　　版　2024 年 07 月
有著作權　侵害必究（缺頁或破損請寄回更換）
本書僅代表作者言論，不代表本公司／出版集團之立場與意見

電子書 E-ISBN
9786267491225（EPUB）
9786267491218（PDF）

國家圖書館出版品預行編目資料

尋找百倍股 / 克里斯多福·邁爾（Christopher Mayer）著；李靜怡 譯 .
-- 二版 . -- 新北市：大牌出版，遠足文化發行 , 2024.07
296 面；14.8×21 公分
譯自：100 baggers : stocks that return 100-to-1 and how to find them
ISBN 978-626-7491-26-3（平裝）

1. 股票投資　2. 投資技術

563.53　　　　　　　　　　　　　　　　　　　113008122